Johann Jacob Moser

Staatsgeschichte des Krieges zwischen Österreich und Preußen

In den Jahren 1778 und 1779 bis auf die russisch und französische Friedensvermittelung

Johann Jacob Moser

Staatsgeschichte des Krieges zwischen Österreich und Preußen
In den Jahren 1778 und 1779 bis auf die russisch und französische Friedensvermittelung

ISBN/EAN: 9783743677777

Hergestellt in Europa, USA, Kanada, Australien, Japan

Cover: Foto ©ninafisch / pixelio.de

Weitere Bücher finden Sie auf **www.hansebooks.com**

Staatsgeschichte
des Krieges zwischen
Oesterreich
und
Preussen,
in denen Jahren 1778. und 1779.
bis auf die
Rußisch- und Französische Fridensvermittelung.

Abgefasset von

Johann Jacob Moser,

Königlich-Dänischen Etatsrath.

Franckfurt am Mayn,
bey Johann Gottlieb Garbe.
1779.

Ich lifere hiemit eine Staatsgeschichte des Bayrischen Succeßionskrieges: Man hat also hier keine Nachrichten von denen Kriegsbegebenheiten zu suchen oder zu erwarten.

Das, was in dise Staatsgeschichte einschläget, ist nicht nur in denen Staatsschrifften sehr zerstreut, sondern auch sehr viles erst nach und nach bekannt worden; dahero biß jezo noch nirgendwo etwas davon in einem chronologischen Zusammenhang anzutreffen ist: Und dennoch stellet sich eben dise Geschichte in manchem in einer ganz anderen Gestalt dar, wann man liset, wie sich ein Umstand nach dem andern von Zeit zu Zeit zugetragen hat.

Die Geschichte in diser Ordnung darzustellen, ist auch der einige Verdienst diser Arbeit; womit aber sehr vilen Lesern nicht wenig gedienet seyn wird.

Um die Schrifft, aus mehreren Ursachen, nicht stärker, als sie hier erscheinet, werden zu lassen, habe ich die Staatsschrifften nicht nach ihrem ganzen Innhalt, sondern bloß Auszugsweise, liferen können, und überall die Quellen angezeigt.

Das, was nicht sowohl in die Geschichte, als vilmehr in die Ausführung derer Rechtspuncten, einschläget, habe ich wohlbedächtlich meistens übergangen:

Und noch mehr habe ich mich aller Partheylichkeit, wie auch aller eigenen rechtlichen oder politischen Betrachtungen, enthalten, so reich auch die Materien seynd, dergleichen darüber anzustellen.

Findet die Arbeit Beyfall; so kan noch sowohl eine Staatsgeschichte des anhoffenden Fridens, als auch eine pragmatische Erläuterung desselbigen nachfolgen. Stuttgart, den 11. Merz 1779.

Erstes Capitel.

Vorläufige Anzeige derer Hauptpuncten, worauf es bey disem Krieg und Friden angekommen.

§. 1.

Hauptpuncten, worauf es bey disem Krieg und Friden angekommen ist.

Ursprünglich und hauptsächlich ist der in denen Jahren 1778. und 1779. zwischen Oesterreich und Preussen geführte Krieg über der Erbfolge in die Verlassenschafft des lezten Churfürstens in Bayern, Maximilian Josephs, in Landen und Leuten, wie auch in die Allodialverlassenschafft, entstanden.

Als man anfänglich versuchte, einem Krieg durch gütliche Handlungen zwischen Oesterreich und Preussen vorzukommen, wurde auch die wahrscheinlich bevorstehende Erbfolge in des lezten Marckgrafens zu Brandenburg-Anspach und Bayreuth hinterlassende Lande und Leute mit in dise Vergleichshandlungen gezogen.

Ferner entstunden Fragen: 1. Wegen Vertauschung der Bayrischen Lande, und 2. der Brandenburgischen Lande in Francken; 3. der Lehenbarkeit der Lausiz und deren Rückfalls an Oesterreich; so dann 4. derer Böhmischen Lehens- und anderen Gerechtsamen in Chur-Sachsen, wie auch denen Brandenburgischen Landen in Francken, und endlich 5. wegen der Mecklenburgischen Anwartschafft auf Leuchtenberg.

Als es aber dennoch zu einem Krieg, und darauf wiederum zu Fridenshandlungen kame, wurde noch weiter die Erbfolge in die dermalige Chur-Pfälzische Herzogthümer Jülich und Berg rege.

§. 2.

Bayrische Erbfolge.

Als der lezte Churfürst in Bayern starb, hinterliese er:

1, Stamm-

1. Stammgüter; welche von denen gemeinschaftlichen Voreltern derer beeden Häuser Pfalz und Bayern herrühreten.

Es ware nemlich Otto, zugenannt illustris, der schon im Jahr 1253. verstorben ist, zugleich Pfalzgraf bey Rhein und Herzog von ganz Bayern.

Seine beede Söhne, Ludwig der Strenge und Heinrich, theilten sich im Jahr 1255. so, daß Ludwig die Pfalz und Oberbayern, Heinrich aber Niderbayern, bekame.

Ludwig der Strenge hatte zu Söhnen, Rudolfen und Ludwigen: Jener wurde ein Stammvater des noch blühenden Hauses Pfalz; diser aber des nun ausgestorbenen Hauses Bayern.

Rudolfs Söhne und Ludwig, (der auch Röm. Kayser ware) theilten im Jahr 1329. zu Pavia so, daß Rudolfs Söhne die untere und obere Pfalz, Ludwig aber Oberbayern, erhielte, und im Jahr 1340. erbte Ludwig von Herzog Heinrichs erloschener Linie auch Niderbayern.

Unter Kayser Ludwigs Nachkommen giengen wieder allerley Theilungen vor; von denen aber hier nur dises zu melden ist, daß, als Herzog Johann zu Straubingen im Jahr 1425. verstarb, der Kayser Sigmund dessen Lande als ein eröffnetes Reichslehen ansahe, und seinen Tochtermann, Herzog Albrechten V. zu Oesterreich, (welcher des lezten Herzogs zu Straubingen Schwester Sohn ware) im Jahr 1426. damit zu seinem Recht belehnete, so wie auch die Herzoge in Bayern zu ihren Rechten: Indessen verbliebe doch das Land denen Herzogen in Bayern allein, und der Kayser liesse im Jahr 1429. einen Spruch ergehen, daß sie darinn nach der Nähe des Grades zu gleichen Theilen folgen sollten.

Es sturben aber nach und nach alle besondere Linien derer Herzogen von Bayern wieder ab, biß auf die zu München; welche nicht nur Ober- und Niderbayern wiederum zusammenbrachte, sondern auch im 17den Jahrhundert, im 30jährigen Krieg und durch den Westphälischen Friden, von ihren Vettern denen Pfalzgrafen, die alte Churwürde und die obere Pfalz rc. erhielte.

Als nun der Bayrische Mannsstamm ganz abzugehen schiene, wollte Churpfalz in denen gemeinschafftlichen Stammgütern folgen: Oesterreich aber sprache obgedachten Straubingischen Theil als ein ihme zugedachtes Reichslehen an.

 2. Fer-

2. Ferner hatte Bayern nach seiner Trennung von Pfalz allerley grosse und kleine Reichslehen an sich gebracht; welche der Kayser, nach Absterben des Hauses Bayern, als Ihme und dem Reich eröffnet ansahe; Pfalz hingegen als auch auf dise Linie fallende behandelte.

3. Neben deme hatte Bayern, seit besagter Trennung von Pfalz, in- und ausser Bayern, vile un- und mittelbare allodiale Güter und Gefälle an sich gebracht: Dise wurden nun, nebst der Mobiliar-Erbschafft, rc. von des letzten Churfürstens in Bayern einigen überlebenden Schwester, vermählter Churfürstin zu Sachsen, insgesammt angesprochen: Hingegen von Churpfalz, biß auf ein gewisses an Geld, ebenfalls als ihme angefallen, angesehen.

Und so stellte sich auch die verwittwete Kayserin, Königin in Ungarn und Böhmen, als eine Descendentin von Herzog Albrecht zu Bayern-Straubingen, so im Jahr 1404. verstorben ist, in der Eigenschafft einer Regredient Erbin der Bayrischen Allodialverlassenschafft dar.

4. Endlich meldeten sich auch noch einige andere grosse Herrn mit besondern Ansprüchen an die Churbayrische Verlassenschafft.

Der Herzog von Mecklenburg nemlich wollte eine Anwarthschafft auf die Reichslehenbare Landgrafschafft Leuchtenberg haben.

Der Herzog von Würtemberg forderte, als Regredienterbe, die Allodialverlassenschafft, so zweyen Bayrischen Prinzeßinnen aus dem 14den und 15den Jahrhundert, (von denen Würtemberg abstammete,) gebührete:

Und das Erzstifft Salzburg brachte sonst vilerley Ansprüche zum Vorschein, so es an die Nachfolgere des abgestorbenen Hauses Bayern habe.

§. 3.

Brandenburg-Anspach- und Bayreuthische Erbfolge.

Oesterreich behauptet: 1. In des Churfürstens Albrechts zu Brandenburg Verordnung vom Jahr 1473. seye vestgestellt, daß die Brandenburgische Lande in Francken so lang von den Churlanden sollen absondert bleiben, als mehrere Marckgrafen am Leben seyen:

2. Der Kayser habe dises, mit Beystimmung des ganzen Reichs, bestättiget; wodurch es zu einem unveränderlichen Hausvertrag und Reichsgesez worden seye:

3. Der

3. Der Brandenburgische Hausvertrag von 1598. habe dises auch aufs neue verordnet.

Oest. Gerchtſ. S. 22. u. f.

Preussen dagegen vertheidiget: 1. Es seye nicht erweislich, daß dise Urkunden das erst gemeldete besagen; sie hätten nichts auf den Fall bestimmt, wann die damals entstandene Linien ausgehen sollten, oder verboten, daß weniger als drey Linien seyn sollten; wie dann würcklich verschidentlich deren nur zwey gewesen seyen: Die Absicht seye nur gewesen, die Theilungen einzuschräncken.

2. Die Aufhebung diser Verordnung könne nur nicht von einzelnen Prinzen des Hauses nicht geschehen.

3. Brandenburg seye darauf privilegirt, und jener Urkunden Kayserliche Bestättigungen enthalten es selbst, daß das gesammte Haus für und für neue Erbverträge machen könne.

§. 4.

Vertauschung der Bayrischen Lande.

Schon in den Badischen Friden von 1714. Art. 18. flosse ein: Wann Chur-Bayern einen Theil seiner Lande gegen andere vertauschen wollte, solle Franckreich es nicht hindern:

Es erfolgte aber damals nichts dergleichen.

Als hingegen, nach Absterben des Hauses Bayern, Oesterreich und Chur-Pfalz die unten vermeldete Convention vom 3. Jan. 1778. schlossen, behielte sich Oesterreich bevor, wegen Vertauschung ganz Bayerns, oder eines Theils desselbigen, mit Chur-Pfalz eine fernere Convention treffen zu mögen.

§. 5.

Vertauschung der Brandenburg-Anspach- und Bayreuthischen Lande.

Und so hat auch der König in Preussen Lust bezeugt, wann die Anspach- und Bayreuthische Lande der Churlinie anfallen sollten, selbige gegen die Chur-Sächsische Ober- und Nider-Lausiz zu vertauschen.

§. 6.

Der Lausiz Lehenbarkeit und Rückfall.

Im 30jährigen Krieg erwiese Chur-Sachsen, daß es zum Dienst des Hauses Oesterreich 72. Tonnen Goldes aufgewandt habe.

habe. Kayser Ferdinand II. überliesse, als König in Böhmen, für solche Summ die beede Marckgrafthümer Ober- und Nider-Lausiz an Chur-Sachsen zu Lehen; mit dem Anhang: Wann der Chur-Sächsische Mannsstamm abstürbe, sollte Oesterreich frey stehen, entweder Churfürst Johann Georgs I. zu Sachsen Töchtern, (deren Nachkommen die Landgrafen zu Hessen-Darmstatt, so dann der jezige Großfürst von Rußland und die übrige Herzoge von Holstein-Gottorff, seynd,) die Lehensfolge in der Lausiz zu gestatten, oder aber ihnen 72. Tonnen Goldes zu bezahlen, und dagegen die Lausiz wieder an sich zu ziehen.

§. 7.

Böhmische Lehen in Chur-Sachsen.

Von der Cron Böhmen gehen vile Bezircke und Güter in Chur-Sachsen zu Lehen; absonderlich manche Graf- und Herrschafften deren Grafen von Schönburg.

Wem nun die Landeshoheit und die davon abhangende Gerechtsamen, z. E. in Steuer- und militar-Sachen, in solchen Lehen zustehen? darüber gibt es unaufhörliche Streitigkeiten zwischen Böhmen und dessen Vasallen einer- so dann Chur-Sachsen anderer Seits; welche auch wohl zu Thätlichkeiten ausbrechen.

§. 8.

Mecklenburgische Anwartschafft auf Leuchtenberg.

Kayser Maximilian der I. gabe einem Herzog zu Mecklenburg eine verschidentlich verclausulirte Anwartschafft auf die Reichslehenbare Fürstliche Landgrafschafft Leuchtenberg.

Als der Stamm diser Landgrafen im 17den Jahrhundert abgienge, erhielte Bayern dise Landgrafschafft zu Reichslehen.

Im jezigen Jahrhundert meldete sich, nach der Erklärung des Churfürstens in Bayern in die Acht, Mecklenburg darum: Der Kayser aber verliehe es an einen Fürsten von Lemberg.

Durch den Badischen Friden im Jahr 1714. hingegen gelangte es wieder an Bayern.

§. 9.

Jülchische rc. Erbfolge.

Der im Jahr 1609. verstorbene Herzog Johann Wilhelm hinterliesse

terliesse die Herzogthümer Jülich, Cleve und Berg, die Grafschafften Ravensberg und Marck, und die Herrschafft Ravenstein.

Unter siben Prätendenten, welche ihme theils in allen seinen Landen, theils in gewissen Gütern, folgen wollten, waren die beträchtlichste Chur-Sachsen, so eine Kayserliche Anwartschafft, Ehepacten ꝛc. für sich hatte, und des lezten Herzogs Schwestern, welche, auf Abgang des Mannsstammens, aus verschidenen Gründen, Succeßionsfähig seyn wollten.

Endlich blieben die Gemahlen und Nachkommen zweyer diser Schwestern, so an Chur-Brandenburg und Pfalz-Neuburg verehlichet waren, in dem Besiz der gesammten Lande, theilten sich darein, und schlossen sonderlich im Jahr 1666. einen Hauptvergleich deßwegen, für sich und ihre Descendenten.

Pfalz-Neuburg erhielte nach der Hand auch die Pfälzische Churwürde und Lande.

Als nun der Mannsstamm von Pfalz-Neuburg abgehen zu wollen schiene, wollte das indessen zur Königlichen Würde von Preussen gelangte Haus Chur-Brandenburg das Wort: Descendenten in dem Vertrag von 1666. nur von dem Mannsstamm der damaligen Contrahenten erklären, Pfalz hingegen selbiges auch auf die weibliche Descendenten, mithin auf das Haus Pfalz-Sulzbach, erstrecken.

Die Sache machte die gröste Bewegungen; worüber Kayser Carl VI. im Jahr 1740. starb.

Das weitere kommt hernach vor.

Zweytes Capitel.

Handlungen seit 1740. biß auf den Tod des lezten Churfürsten in Bayern 1777. wegen der Jülich- ꝛc. Brandenburg- ꝛc. und Bayrischen Erbfolge.

§. 1.

Vergleich wegen der Jülchischen ꝛc. Erbfolge.

Wegen der Jülich- und Bergischen vorhin gemeldeten Erbfolgs-Streitigkeit kame es im Jahr 1741. zu einem Vergleich, darinn der

König in Preussen das Erbrecht des Hauses Pfalz-Sulzbach erkannte; wie dann der jezige Churfürst zu Pfalz, Carl Theodor, Krafft dises Vergleiches, Jülich und Berg bekame.

Es solle aber diser, (noch niemals öffentlich ganz zum Vorschein gekommene,) Vergleich von dem König in Preussen Friderich II. nur für seine eigene Person, nicht aber auch für seine Nachfolgere an der Regierung, eingegangen worden seyn:

Einige wollen auch gar, besagter jeziger Churfürst zu Pfalz besize dise Lande nur im Namen seiner Gemahlin.

§. 2.

Preußischer Haus-Vergleich wegen Anspach ꝛc.

Im Jahr 1752. solle der König in Preussen mit seinen Brüdern einen Vertrag eingegangen haben, daß, nach Absterben der Marckgrafen von Br. Anspach und Bayreuth, deren Lande mit den Churlanden vereiniget werden und bleiben sollen.

Preuß. Beantw. S. 23.

§. 3.

Tractat zwischen Bayern und Pfalz von 1761.

Den 5. Oct. 1761. kame zwischen Bayern und Pfalz ein engerer Freundschaffts- und Defensiv-Tractat zu Stand; in dessen §. 8. die vorläuffige Abrede genommen wurde, daß, nach vorgängiger Durchgehung derer beederseitigen Haus-Unions-Verträge und Bündnisse, ein neuer Haupt Unionsvertrag errichtet werden solle, welcher sodann zur eigentlichen Richtschnur des gemeinsamen Churhauses zu allen Zeiten dienen solle.

s. Pf. Zweybr. Vorleg. von 1778. Urkund 32. S. 120.

§. 4.

Hubertsburger Handlungen wegen Anspach ꝛc. und Jülich.

In dem im Jahr 1763. zu Hubertsburg geschlossenen Friden versprache der König in Preussen Art. 18.: Er wolle die im Jahr 1741. mit Chur-Pfalz wegen der Jülch- und Bergischen Succession getroffene Convention, auf eben die Bedingungen, unter welchen sie geschlossen worden seye, erneuern.

Ob aber in einem geheimen Articul etwas weiteres zum Besten des Hauses Pfalz verabredet worden seye? wie Einige wissen wollen, kan ich nicht sagen.

Bey eben disen Hubertsburger Fridenshandlungen truge Oesterreich darauf an: Daß Preussen, wann die Fränckische Brandenburgische Lande erlediget würden, selbige einem nachgebohrenen Prinzen überlassen solle; wogegen Oesterreich mit Toscana ein gleiches thun wolle: Preussen aber nahme den Antrag nicht an.

Oest. Gerecht. S. 20. Preuß. Beantw. S. 21.

§. 5.

Handlungen zwischen Oesterreich und Bayern im Jahr 1764.

Als im Jahr 1764. eine Vermählung zwischen dem jezigen Kayser Joseph II. und der Bayrischen Prinzeßin Josepha beschlossen worden, sollen über die, nach Abgang des Bayrischen Mannsstamms, künfftige Succeßion und Acquisition gewisser Stücke von Bayern, besonders des Inndistricts, hinter und ohne Zuziehung der Pfälzischen Linie, gewisse Separatarticul und geheime Projecte verabredet, durch den Todesfall gedachter Prinzeßin aber vernichtet worden seyn.

Preuß. abgenöth. Anzeig. rc. S. 5.

§. 6.

Vertrag zwischen Bayern und Pfalz von 1766.

Im Sept. 1766. kame es zwischen Bayern und Pfalz zu einem neuen Vertrag von 7. Articuln; welcher die Helffte eines neuen Hauptvergleichs ausmachen sollte.

Nachdeme darinn zu Grund gesezet worden, daß Bayern und Pfalz, wegen ihrer gemeinschafftlichen Abkunfft von Einem Stammvater, unter gleichem Schild und Namen in Ein Haus gehören, wurde §. 1. der Pavische Vertrag von 1329. als ein pragmatisches Hausgesez erkannt, und, deme zu Folge, mit Ausschliessung der weiblichen Descendenz, nach Abgang der einen Linie, die lineal-Succeßion der andern vestgestellt. §. 3. Wurde beliebt, daß alle biß zur Zeit der 1578. bey Bayern- und 1568. bey Pfalz eingeführten Erstgeburt neu-erworbene Lande und Güter mit unter die Stamm-

 güter

güter gerechnet werden sollen. §. 4. So lang in beeden Häusern noch ein Mannsstamm vorhanden seye, sollen die Allodialerben nur die Mobiliar-Verlassenschafft bekommen. §. 5. Auch die Reichslehen, so jede Linie besonders erworben habe, sollen, Krafft der güldenen Bull, rc. auf den Mannsstamm der anderen Linie fallen; wegen der nur Einer Linie ausdrücklich ertheilten aber sich dahin verwendet werden, daß man sie auf das ganze Haus bringe: Die nicht heraebrachte Samtbelehnung aber solle unterbleiben.

Pf. Zweybr. Vorleg. Urk. 33. S. 132.

§. 7.

Vorgang zwischen Oesterreich und Preussen im Jahr 1770.

Oesterreich meldet: Im Jahr 1770. 6. Maj. habe der K. Königliche Minister zu Berlin, Graf von Nügent, in der bey dem König gehabten Abschidsaudienz gelegenheitlich von den Oesterreichischen Ansprüchen bey Erlöschung des Bayrischen Mannsstamms Meldung gethan: Oh! was dise betrifft; so wird Ihnen selbige Niemand streitig machen.

Oest. Gerecht. S. 46.

Was Preussen darauf verseze, werden wir bald vernehmen.

§. 8.

Zweyter Vertrag zwischen Bayern und Pfalz von 1771.

Den 26. Febr. 1771. folgte der zweyte Hauptvertrag zwischen Bayern und Pfalz von 16. Articuln nach; aus welchem ich hier nur so vil melde. §. 2. Alles, was nach eingeführter Erstgeburt an Lehen und Eigen weiter erworben worden ist, und ferner erworben werden wird, solle (so weit die Eigenschafft eines Weiberlehens nicht in dem Weg stehet,) mit Vorbehalt der lehenherrlichen Gerechtsamen, den altväterlichen Hauptlanden incorporirt werden rc. §. 3. Churfürst Maximilians I. in Bayern Codicill wird vernichtet, absonderlich was darinn von den 13. Millionen Böhmischer Kriegsschulden vorkommt. §. 4. Nach Abgang des Einen Hauptastes solle der Mannsstamm des anderen in alle Lande, Leute, Lehen und Eigen, Pfand- und Anwartschafften, folgen. §. 5. Betrifft die nachgebohrene Prinzen; §. 6. Der Prinzeßinnen Heurathgut und

Unter-

Unterhalt, §. 7. ihren Verzicht, §. 8. das Allodium; so in der würcklich vorhandenen Mobiliar-Verlassenschafft bestehen solle, (ausser dem Geschüz, Munition, und was sonsten zur Landeswehr übrig ist,) auch Geld, Kleinodien, Silbergeschmeid, u. d. doch nach Abzug der Fürstlichen Privatschulden, die zu Anschaffung der Mobilien contrahirt worden, oder des Landes Nuzen und Nothwendigkeit nicht betreffen. §. 9. Gehet die Abfindung der Allodialerben mit noch Einer Summe Geldes an; §. 10. aber den Fall, wann man sich noch vor erfolgtem Absterben eines Stamms mit denen Allodialerben verglichen, oder nicht. §. 11. Betrifft beeder Theile eigene neu-erworbene und- und bewegliche Güter; §. 12. die eventuale Erbhuldigung an den andern Theil; §. 13. die Separation der Mobiliarverlassenschafft und der landesherrlichen Privatschulden, §. 14. die Unveraüsserlichkeit der Lande 2c. §. 15. den Wittum und §. 16. den Aufenthalt der verwittweten Prinzeßinnen. Am Ende wird verordnet: Ein Theil allein solle, ohne Vorwissen und Einwilligung des andern, hierinn nichts vornehmen; sondern dergleichen einseitige Handlungen nichtig und krafftlos seyn.

s. Pf. Zweybr. Vorleg. Urk. 34. S. 141.

§. 9.

Vorgänge zwischen Oesterreich und Preussen in den Jahren 1772. und 73.

Oesterreich berichtet: Den 13. Sept. 1772. habe der König in Preussen dem K. Königl. Minister zu Berlin, Freyherrn von Swieten, in einer Audienz vorgestellt, wie nothwendig es seye, daß beyde Höfe, zu Vermeidung aller möglichen Irrungen, welche sie dereinst entzweyen könnten, über die künfftige Bayrische- wie auch Anspach- und Bayreuthische-Succeßion sich vertraulich einverstehen müßten. „Nach dem Lauff der Natur, (habe der König ferner gesagt,) soll Ich zwar nicht erwarten, daß sich dise zwey Succeßionsfälle bey meiner Lebzeit ereignen werden: Der Churfürst von Bayern und der Marckgraf von Anspach seynd beyde vil jünger als ich; allein der Fall ist möglich, und alsdenn würde es unangenehm seyn, damit überraschet zu werden: Werden hingegen alle Anstände, welche aus unserm beyderseitigen Interesse entstehen

 könn-

könnten, zum Voraus aus dem Wege geraumt; so können wir uns einen langen Friden und eine Ruhe versprechen, welche nichts zu stöhren im Stande seyn wird. "

In einer ferneren Audienz den 17. Febr. 1773. seyen die nemliche Gegenstände in wiederhohlte Unterredung gezogen: und von dem Freyherrn von Swieten die Oesterreich auf den Fall der Erlöschung des Bayrischen Mannsstammes, so wohl von Seiten der Cron Böhmen, als vermöge seiner Anwartschafften, zustehenden Rechte, in Erwehnung gebracht worden; worüber sich der König ganz vergnüglich, als über einer Sache, die keinem Zweifel unterworffen seye, erkläret habe.

Oest. Gerechtf. S. 46. u. f.

Was aber die Anspachische rc. Erbfolge betreffe, so habe sich der König herausgelassen: Ich begreiffe und erwäge ihre Gründe: Es kan ihnen weder gleichgültig noch angenehm seyn, mich auf diser Seite zum Nachbarn zu haben; eben so haben die Stände des Fränckischen Crayses Ursach, darüber in Furcht zu seyn: Allein allem disem würde sich durch einen Austausch abhelffen lassen, der mit irgend einem andern Fürsten vorgenommen werden, und kein bedenckliches Auffsehen veranlassen könte.

Allda S. 60.

Ferner habe Er gemeldet: Man könnte dem Churfürsten zu Sachsen, welchem die Anspach- und Bayreuthische Marckgrafthümer anständig wären, einen Austausch derselben gegen die Lausiz, oder ein Stück davon, das eben so vil, als die Marckgrafthümer am Werth betrage, vorschlagen: Allein er, der König, rede hievon nur als von Entwürffen, deren Ausführung noch sehr entfernt seyn müsse: Sein Neveu seye noch jung, und nach dem gewöhnlichen Lauf der Natur seye zu wetten, daß er Ihn, den König, überleben werde: So lange er lebe, seye des Königs Absicht nicht, ihme seine Lande zu entziehen, und Er wolle Sich nicht auf die Unkosten seiner Verwandten vergrössern: Jedoch seye der Fall seines Absterbens möglich, und es seye immer gut, wenn man sich zum voraus über Gegenstände verabredet habe, welche sonsten zu Irrungen Gelegenheit geben dörften.

Allda, S. 76. u. f.

Preus-

Preussen antwortet: Man könne nicht für ganz wahr annehmen, was, nach so langen Jahren, von mündlichen Unterredungen, wobey weder ein Protocoll geführet worden, noch Zeugen gewesen, angegeben werde: Es seye aber dadurch noch lang nicht erwisen, daß dem König von dem Gesandten eine ausführliche und überzeugende Nachricht von seines Hofes Prätensionen an Bayern vorgelegt worden seye, und der König habe in seinen Antworten allezeit supponiren können und müssen, daß die ihme angezeigte Prätensionen gegründet seyen, auch nur auf einige kleine Stücke von Bayern, besonders die Böhmische Lehen in der obern Pfalz, gehen; welches alles aber sich nun ganz anderst zeige. Niemand in der Welt, vilweniger der König, hätten sich damals vorstellen können, daß die Absicht des Wiener-Hofes dahin gehe, das halbe Herzogthum Bayern erben zu wollen: Der König habe sich auch zu nichts verbunden, nichts anerkannt, und nichts weiter geäussert, als einen guten Wunsch. Oesterreich habe aber nicht gut gefunden, sich mit dem König weiter darüber zu verstehen, und seine Gesandte haben von der Bayrischen Erbfolge niemalen das geringste gegen das Preusische Ministerium erwehnt, vilweniger etwas schriftlich mitgetheilt; wie doch billig gewesen wäre, wenn man ein aufrichtiges Einverständniß zwischen beyden Höfen darinn hätte treffen wollen.

Weiter gesezten, aber nicht zugegebenen Falles, der König habe wegen der Anspachischen rc. Erbfolge so gesprochen, so folge weiter nichts daraus, als daß Er erkenne, denen Angränzenden könne nicht gleichgültig seyn, einen neuen mächtigen Nachbar zu bekommen; und daß er für billig halte, zu Beruhigung des Kayserlichen Hofes und des Fränckischen Crayses, einen unschädlichen Tausch anzunehmen: Er habe aber dadurch sich nicht verbunden, Oesterreich dagegen die Acquisition in Bayern zuzugestehen: Des Königs Aeusserung in Ansehung eines Tausches der Marckgrafthümer gegen die Lausiz seye ferner kein ordentlicher Plan, sondern bloß ein fliegender Gedancke des Königs, gewesen, der hernach geruhet, bis der Wiener Hof ihn im Jahr 1778. selbsten wieder in Erinnerung gebracht habe.

Allda, S. 47. u. f. 79.

§. 10.

§. 10.

Dritter Vertrag zwischen Bayern und Pfalz im Jahr 1774.

Den 19. Jun. 1774. machten Chur-Bayern und Chur-Pfalz noch einen Vertrag, dahin: Damit nicht, bey sich ereignendem Fall, ein Dritter mit anmaßlicher Besizergreiffung das prævenire spilen möge; so raumten sie einander das constitutum Possessorium auf alle in den vorigen Tractaten begriffene Stücke ein; welches gegen alle Dritte die volle Würkung eines Mitbesizes haben solle. 2. Seyen alle Expeditionen, welche nach Absterben des Churfürstens in Bayern zu Erlangung des natürlich- und solitarischen Besizes dienlich seyn möchten, bereits unter des Churfürstens zu Pfalz eigenhändiger Unterschrifft gefertiget, so, daß alsdann nur das Datum beyzusezen seye, und man selbige so fort an die gehörige Orte eilfertig überliferen zu lassen habe.

s. Pf. Zweybr. Vorleg. Urk. 35. S. 155.

Es wurden aber alle dise Verträge von 1766. 71. und 74. bey Lebzeiten des Churfürstens in Bayern geheim gehalten.

Vorleg. S. 50.

Schon damals solle zwar der Churfürst zu Pfalz erinneret haben: Daß es rathsam, ja nothwendig, seye, Oesterreich von disem Vertrag Nachricht zu geben, damit, wenn etwa von daher Ansprüche geschehen sollten, solche noch bey Zeiten durch gütliche Wege beygelegt werden könnten: Der Churfürst von Bayern aber habe nichts davon hören wollen, sondern erklärt, daß er von dem ganzen Vertrag abstehen wolle, wenn nur ein einiger teutscher Hof von disem Vorgang benachrichtiget würde.

Staatsbegeb. 1778. S. 521.

§. 11.

Bayrische Nachrichtertheilung an Chur-Sachsen.

Der Churfürst in Bayern liesse ferner in seinen lezten Lebensjahren Chur-Sachsen eine Verzeichniß seiner Allodialverlassenschaft mittheilen.

Chur-Sächs. rechtsbegr. Anspr.

§. 12.

§. 12.
Chursächsische Ceßion.

Im Jahr 1776. cedirte die verwittwete Churfürstin zu Sachsen, des Churfürstens in Bayern Schwester, ihr an die künftige Chur-Bayrische Allodialverlassenschafft habendes Recht, an ihren Prinzen den regierenden Churfürsten zu Sachsen.

Pf. Zweybr. Vorleg. Urk. S. 35.

§. 13.
Handlungen zwischen Oesterreich und Chur-Pfalz.

Im Jahr 1777. solle der Churfürst zu Pfalz (auf Anrathen seines Ministers, Freyherrn von Beckers,) seinem Gesandten zu Wien, von Ritter, Befehl ertheilet haben: Dem Kayserlichen Hof in aller Geheim von dem mit Bayern geschlossenen Erbvertrag Nachricht zu geben, auch sich zu erkundigen: Ob Oesterreich auf Bayern einige, und allenfalls welche, Ansprüche zu machen gedencke?

Oesterreich habe darauf, Krafft Kayser Sigismunds Belehnung von 1426. eine Ansprach auf die von Herzog Johann in Nider-Bayern besessene Lande gemacht.

Staatsbegeb. 1778. S. 521. 881.

Den 14. Febr. 1777. schriebe der Churfürst zu Pfalz an den Oesterreichischen Hofcanzler, Fürsten von Kaunitz: Er wolle sich mit der Kayserin-Königin wegen der Bayrischen Succeßionssache gütlich einverstehen, und habe zu dem Ende dem Freyherrn von Ritter bevollmächtiget.

Im Merz wurde darauf dem von Ritter ein Auszug einer ausführlichen Erläuterung der Oesterreichischen Ansprüche übergeben.

M. Jul. reichte der von Ritter deren Beantwortung ein; worauf noch eine Replic und Duplic folgte.

Ferner wurden dem Chur-Pfälzischen Gesandten die Originalurkunden vorgelegt, worauf sich die Oesterreichische Hauptansprüche gründeten.

Oest. Gerechts. S. 4. u. f.

Oesterreich behauptet: 1. Dise Unterhandlungen seyen also lang zuvor angefangen worden, auch selbst in ihrer Wesenheit bereits geendiget gewesen, ehe man noch die geringste Vermuthung von einem so nahen Todesfall des Churfürstens in Bayern haben können; 2. sie seyen zwischen beyden Theilen mit der vollständigsten Kenntniß, mit reiffer Ueberlegung, und langwühriger Vergleichung aller für und gegen die Sache streitender Gründe, geführet worden.

Oest. Gerechts. S. 12.

Preußen dagegen gibt vor: Nachdeme das Project von 1764. fehlgeschlagen, habe der Kayserliche Hof nachhero bey dem Hof zu München, vornemlich durch Drohungen, bey dem Chur-Pfälzischen Hofe aber durch Gewinnung gewisser, genugsam bekannter, Ministers, durch Ausschliessung aller übrigen treuen und der Hausverfassung kundigen Diener, ja selbst des künfftigen Erbfolgers, und durch vile hinterlistige Insinuationen gegen den Berliner und andere wohlgesinnte Höfe, (denen man Gesinnungen und Absichten beygeleget, die sie gewiß niemals gehabt,) sich einen solchen Einfluß zu verschaffen gewußt, daß freylich Chur-Pfalz wohl schon bey Lebzeiten des Churfürstens in Bayern über dessen Erbfolge mit dem Wiener Hof eine geheime Unterhandlung angefangen haben möge.

Preuß. abgen. Anzeig. S. 5.

§. 14.

Unionstractat zwischen Chur-Pfalz und Pfalz-Zweybrücken. 1777.

Den 5. Aug. 1777. (und also während der würcklicher Unterhandlungen zwischen Oesterreich und Chur-Pfalz,) machte sich der Churfürst zu Pfalz dem Herzogen zu Pfalz-Zweybrücken, durch einen solennen Erbeinigungs-Tractat bey Chur- und Fürstlichen Worten anheischig, mit allen zusammengesetzten Kräfften dasjenige, so die Rechte und Vortheile des Hauses betreffe, und unter ihnen zu reguliren seye, nach Maaßgab der vorhandenen Hausverträge, durch ein Pactum successorium ohnverlängt zu bestimmen.

Preuß. Beantw. der Oest. Hauptschrifft, S. 7. Preuß. abgen. Anzeig. S. 17.

§. 15.

Fernere Handlungen zwischen Oesterreich und Pfalz. 1777.

Der Chur-Pfälzische Gesandte von Ritter reisete von Wien im October 1777. nach Mannheim und Zweybrücken, und kame mit einer den 29. Nov. gefertigten Vollmacht nach Wien zurück.

Den

Den 18. Dec. 1777. bezeugte er durch ein pro memoria die Chur-Pfälzische Neigung zu einer gütlichen Convention; welche darauf entworfen wurde.

K. Königl. Gerechts. u. Maaßregl. in Abs. auf die Bayr. Erbfolge, p. m. 4.

Chur-Pfalz solle, andern Nachrichten zu Folge, zwar das Oesterreichische Recht auf Nider-Bayern erkannt, dabey aber bezeuget haben: Es wünsche, daß Oesterreich mit einem andern Aequivalent sich begnügen lassen, und die obere Pfalz dafür annehmen möge.

Staatsbegeb. 1778. S. 521.

In der noch kurz vor dem Tode des Churfürstens in Bayern gedruckten „Reisebeschreibung durch Oberteutschland" des so genannten Anshelmi RABIOSI wird gemeldet: Man sage zu Wien einander ins Ohr: Nach dem Tod besagten Churfürstens würde Oesterreich sich von Nider-Bayern Meistern machen.

Kurz: Ehe die Convention noch zu Stande kame, starb der Churfürst den 30. Dec. 1777.

Drittes Capitel.

Handlungen wegen der Bayrisch- auch Brandenburg-Anspach- und Bayreuthischen Erbfolge, biß auf den ausgebrochenen Krieg.

§. 1.

Chur-Pfälzische Besitzergreifung.

So bald der Churfürst Maximilian Joseph todt war, liesse das Chur-Bayrische Staatsministerium, (welchem von denen Tractaten zwischen Oesterreich und Chur-Pfalz nichts bewußt ware,) dem selbsteigenen Befehl des sterbenden Churfürstens zu Folge, noch den 30. Dec. das obgedachter massen, auf solchen Fall bereit gelegene Patent in des abwesenden Churfürstens Carl Theodors zu Pfalz Namen, und unter seiner zum voraus verfügten eigenen Namens Unterschrifft, in des verstorbenen Churfürstens hinterlassenen samtlichen Landen öffentlich bekannt machen.

In

In demselbigen wird nicht nur dem neuen Churfürsten der Titul eines Landgrafens von Leuchtenberg ebenfalls beygelegt, sondern auch gemeldet: Es habe sich der Fall ereignet, wodurch ihme nicht nur die erledigte Chur und das Erztruchseßen-Amt, samt der obern Pfalz, sondern auch all übrig nachgelassene Lande, so wohl Eigen als Lehen, anfällig worden seyen; er habe auch eben derwegen schon in Lebzeiten des verstorbenen Churfürstens auf allen seinen in den Pacto mutuæ Successionis begriffenen Landen und Besitzthümern, mittelst des durch einen besondern Vertrag von 1774 eingeraumten constituti Possessorii, die Compossessionem civilem erlangt, und dahero, die natürlich- und solitarische Possesion nunmehro zu ergreiffen, somit die würckliche Regierung in obermeldten Landen anzutreten, desto mindern Anstand genommen.

Pf. Zweybr. Vorleg. rc. Urkund. n. 1. S. 3.

§. 2.

Deren Folgen.

Als der Churfürst von Pfalz aber den 2. Jun. in München angelangt, solle er geäussert haben: Daß durch dise voreilige Besitznehmung ihme, Churfürsten, und Bayern mehr geschadet als genuzet worden seyn dörffte:

Und als man es in Wien den 3ten Jan. durch einen Courier erfuhre, solle befohlen worden seyn, daß ein Corps mit grobem Geschüz ausrücken solle.

An eben solchem Tage habe man auch den Chur-Pfälzischen Gesandten zu Wien deßwegen zu Rede gestellt:

Diser habe sodann seine Vollmacht zur Vergleichs-Unterhandlung, wie auch die übrige Correspondenz, darinn der Churfürst das Oesterreichische Recht auf Nider-Bayern erkannt, vorgewisen:

Hierauf habe man dem Gesandten einige Puncten vorgelegt, mit dem Anhang: Wann selbige nicht auf die vorgeschribene Art unterschriben würden, stünden würcklich 60000. Mann an den Gränzen in Bereitschafft, welche Bayern nebst der obern Pfalz in Besiz nehmen würden.

Staatsberg. S. 524. 881.

§. 3.

Vergleich zwischen Oesterreich und Chur-Pfalz.

Eben disen 3. Jan. 1778. wurde auch würcklich zu Wien zwischen Oesterreich und Chur-Pfalz eine Convention errichtet; beederseits für sich, auch ihre Erben und Nachkommen, im Hauptwerck dahin:

1. Chur-Pfalz erkläret: Den von Oesterreich vermög der von Kayser Sigmund Herzog Albrechten von Oesterreich ertheilten Belehnung, gemachten Anspruch auf alle und jede Bayrische Lande und Bezircke, welche, vermög der Theilung von 1353. Herzog Johann von Bayern besessen habe, als vollkommen gegründet anzuerkennen; doch, daß Chur-Pfalz oblige, bey sich ergebendem Zweifel über die Gränzen dises Antheils, documentirte Beweise vorzulegen.

2. Chur-Pfalz will nicht nur nicht hindern, sondern auch aus vollem Vermögen darzu behülfflich seyn, daß dise Lande, ohne alle Ausnahm, von Oesterreich in Besiz genommen werden mögen.

3. Auf gleiche Weise solle die Herrschafft Mindelheim Oesterreich, vermög darauf habender rechtlicher Expectanz und anderer Ansprüche, frey und ungehindert, und ohne einige, unter was immer für einem Titul machende, Forderung zufallen.

4. Chur-Pfalz will zwar dem rechtsbeständigen Rückfall der Böhmischen Lehen in der obern Pfalz unter keinerley Vorwand widersprechen: Hoffet aber, Oesterreich werde sich zur weiteren Ueberlassung diser Lehen an Chur-Pfalz ex nova gratia, auch allenfalls des Dominii directi und Superioritatis territorialis über solche Lehen, gegen annehmliche Bedingnisse, geneigt finden lassen.

5. In dem übrigen ganzen Ober- und Nider-Bayern erkennet Oesterreich das Chur-Pfälzische Erb- und Lehensfolgrecht aus dem Grund der Abstammung von dem ersten Erwerber, und will sich zu dessen Behuf bey Kayser und Reich, oder wo es sonsten nöthig, nach aller Thunlichkeit verwenden, auch geschehen lassen, daß Chur-Pfalz von disen Landen Besiz nehme.

6. Beede Theile behalten sich bevor, über einen Austausch der Oesterreich unstreitig zufallenden Districte, oder des ganzen Complexus, oder aber einiger Theile, mit allmaligem Abzug des richtig

gestellten Oesterreichischen Antheils, nachdem es beyderseitige Conveniens erheischen wird, einen weiteren Vergleich zu treffen.

s. Pf. Zweybr. Vorleg. Urkund. n. 8. S. 16.

§. 4.

Diser Convention gemachte Vorwürfe.

Pfalz Zweybrücken wandte gegen dise Convention ein: Daß es, als doch dermaliger nächster Agnat und Churfolger, dabey ganz übergangen worden seye: Und die Eilfertigkeit, wie auch das ganz ausserordentliche Geheimniß, womit dise Sache nur unter wenigen Augen behandelt worden, so, daß weder die Chur- und Fürstlich-Pfälzische- noch Bayrische Ministers und Vertraute- der Hausrechte und Verfassung kundige- Räthe etwas davon erfahren, biß die Convention allbereits signirt gewesen, geben schon zum Voraus zu erkennen, daß bey diser hochwichtigen Angelegenheit ohne genugsame Information zu Werck gegangen worden seye.

Pf. Zweybr. Innhalt der Vorleg. ꝛc. §. 33. S. 35.

Und Preussen behauptet: Als man den Tod des Churfürstens von Bayern vor Augen gesehen, habe man mit dem Schluß der den 18. Dec. 1777. noch nicht entworfen gewesenen Convention den Churfürsten von Pfalz überrascht, und ihme durch die von demselben in dem unten folgenden Schreiben vom 22. Jan. selbst gestandene Drohung die Ratification abgedrungen.

Preuß. Beantw. ꝛc. S. 5. u. f.

Ja, nach verschidenen glaubwürdigen Nachrichten, seye dem Churfürsten zu Pfalz so gar erlaubt worden, zu gestehen, und sich darauf zu berufen, daß er gezwungen worden seye.

Preuß. abgenöth. Anzeig. ꝛc. S. 6.

§. 5.

Ober-Pfälzischer Regierungsbefehl.

Den 8. Jan. liesse die Oberpfälzische Regierung zu Amberg einen Circular-Befehl ergehen, gegen den Einmarsch der Kays. Königlichen Trouppen zu protestiren.

Vollst. Samml. von Staatsschr. ꝛc. 1sten Theils 1stes Stück, n. 3.

§. 6.

Oesterreichisches Patent, wegen Mindelheim.

Den 12. Jan. 1778. ergienge ein Kayser- Königliches Patent: Durch

Durch den Todesfall des Churfürstens in Bayern seye die Herrschafft Mindelheim, mit allen ihren Appertinenzien, Ein- und Zugehörungen der K. Königin und Ihrem Erzhause, (Krafft der vom Kaiser Matthias Anno 1614. ertheilten und von den nachfolgenden Kaisern bestättigten Anwartschafft,) angefallen; welche solchemnach durch ihren Commissarium Freyherrn von Ried, in Besiz genommen werden solle.

s. Pfalz-Zweybr. Vorleg. Urkund. n. 4. S. 10.

§. 7.

Betragen des Herzog von Pf. Zweybrücken.

Oesterreich behauptet: Der Herzog von Zweybrücken habe dem Churfürsten von Pfalz zum Voraus erklärt, daß er mit allem einstimmig seye, was er in diser und jeder andern ihr Haus betreffenden Vorfallenheit verfügen werde.

Oest. Gerechts. rc. S. 8. u. f.

Preußen hingegen giebt an: Der Herzog habe, als er noch nichts von der Convention gewußt, schon den 12. Jan. seinem nach München abgefertigten Gesandten aufgegeben, zu erklären: Er hoffe, es werde ihme von allem in Zeiten Communication geschehen, und ohne sein Vorwissen und Bewilligung nichts geschlossen werden; habe auch nur in dem de concert handlen wollen, was des Hauses Pfalz Würde und wahres Interesse betreffe:

s. Preuß. Beantw. S. 9. u. f.

§. 8.

Ratification der Convention.

Den 14. Jan. 1778. ratificirte der Churfürst von Pfalz die Convention vom 3. Jan. welches in Beyseyn nur zweyer seiner Minister, des Grafens von Seinsheim und des Freyherrn von Vieregg, geschehen seyn solle.

Staatsbegeb. 1778. S. 524.

§. 9.

Oesterreichisches Patent, wegen der Bayer-Straubingischen Lande.

Den 15. Jan. 1778. wurde ein Kayser-Königliches Patent publicirt: Daß, vermöge der von dem Kayser Sigmund Anno 1426. dem Herzoge Albrecht von Oesterreich ertheilten wirklichen Belehnung, alle diejenige Lande und Districte in Nider- und Ober-Bayern,

auch

auch der obern Pfalz, welche die damalige mit dem Herzoge Johann von Bayern erloschene Straubingische Linie besessen habe, der Kayserin Königin und ihrem Erzhause wirklich angefallen seyen; disemnach durch ihren Commissarium, Freyherrn von Kresel, in Besitz genommen werden sollten.

s. Pfalz-Zweybr. Vorleg. Urkund. n. 3. S. 8.

§. 10.

Oesterreichisches Patent, wegen einiger Böhmischen Lehen.

Eben disen 15. Jan. kame auch noch ein weiteres Kayser-Königliches Patent zum Vorschein: Daß durch erstgedachten Todesfall diejenige Bezircke, welche Chur-Bayern von der Cron Böhmen zu Lehen getragen habe, diser Crone als eröffnet heimgefallen seyen, und dahero durch auch schon bemeldten Freyherrn von Kresel, oder dessen Substituten, in Besiz genommen werden sollen.

s. Pfalz-Zweybr. Vorleg. Urkund. n. 5. S. 12.

§. 11.

Kayserliches Patent wegen einiger Reichslehen.

Den 16. Jan. 1778. erliessen Kayserl. Majest. ebenfalls ein Patent: Daß, durch den Tod des Churfürstens in Bayern, die in seiner Herzoglich-Bayrischen Linie männlichen Stammens allein besessene und besonders von Kaysern erlangte Reichslehen, nemlich: Die Landgrafschafft Leuchtenberg, Grafschafft Wolfstein, Grafschafft Haag, Grafschafft Halß, Grafschafft Schwabeck, Herrschafft Hohenwaldeck, Herrschafft Hohenschwangau, sodann die Reichslehenbare Güter und Gerechtsame in der Herrschafft Wisensteig, das Landgericht Hirschberg, die Freudenbergische Reichslehen in der obern Pfalz, die Degenbergische Reichslehen im Gericht Degenberg, die Scharffensteinische Reichslehen, die Reichslehenbare Blutbanne zu Roteneck, Oßenhaus, Matsies, in der Statt und Pflege Schwäbischwörth, samt etlichen Gütlein daselbst, auch zu Illerdissen und Wertingen, Kayserl. Majest. und dem Reich eröffnet worden seyen, und dahero durch den Grafen Adam Franz von Hartig, als Kayserlichen Commissarium, in Besiz genommen werden sollten.

Dabey wurde angehängt: Kayserl. Majest. seyen bereitwillig, Allen und Jeden, welche in disen Ländern und Gütern wegen anderer Lehen-

Lehenherrn darunter beweislich begriffenen lehenbaren Stücken, wegen Eigenthums, oder in sonstige rechtliche Weis, etwa rechtmäßig befindende Ansprüche haben mögen, und solche in gesetzlichem Wege rechtserforderlich darlegen, die genügliche Gerechtigkeit mit dem Kayserlichen obristlehenherrlichen und obristrichterlichen Amt stracklich angedeyhen zu lassen.

s. Pfalz-Zweybr. Vorleg. Urkund. n. 2. S. 6.

§. 12.
Fernere Oesterreichische Aeusserung.

Der Fürst von Kauniz solle auch den General von Rieb geschriben haben: Wann man in Erwägung ziehe, daß Oesterreich in den Zeiten Kayser Conrads III. und Friderichs I. das ganze Herzogthum Bayern durch ein Kayserliches Urtheil innegehabt habe, und damit belehnet worden seye, aber solches, um die Ruhe Teutschlandes wieder herzustellen, abgetretten habe: Und wann man zugleich betrachte, was für unsäglichen Schaden das Bayrische Haus dem Erzhause Oesterreich verschidene male zugefüget habe; so hätte man die Absicht führen können, nicht nur die alte Jura zu revindiciren, sondern auch die Schadloshaltung, mittelst eines Anspruchs auf ganz Bayern, zu bewürcken: Eben hieraus aber werde die Billigkeit und Mäßigung der Oesterreichischen Denckungsart desto heller am Tag ligen.

(Aus Schlözers Briefwechs.) Staatsbegeb. 1778. S. 608.

§. 13.
Oesterreichische Besiznehmung.

Hierauf erfolgte auch sogleich, die von einer hinreichenden Anzahl Trouppen unterstüzte Oesterreichische Besiznehmung der ehemals Herzogen Johann zu Straubigen zugehörig gewesenen Lande in Nider- und Oberbayern:

Die als eröffnet angegebene Böhmische Lehen in der obern Pfalz aber wurden Oesterreichischer Seits nicht in Besiz genommen; auch einige Anfangs besezte Orte wiederum geraumt.

§. 14.
Handlungen zwischen Preussen und Chur-Pfalz.

Als der König in Preussen von den Oesterreichischen Bewegungen Nachricht erhielte, sandte er den in Sachsen-Weimarischen Diensten

sten gestandenen Grafen von Görz an den Churfürsten zu Pfalz ab, demselben selbst zu erkennen zu geben: Wie der König wünschte, neben der Erhaltung der Ruhe, auch zu Aufrechterhaltung des Systems und Verfassung des Reichs das Seinige beyzutragen, dabey zugleich den Churfürsten zu versichern, daß wenn, (wie es zu vermuthen seye,) er, den Ansprüchen des Wiener Hofes nur durch Gewalt nachzugeben, sich genöthiget sehen sollte, ihme alsdenn das Mittel, die Sache zu einer gütlichen Unterhandlung einzuleiten, noch übrig wäre, daß er sich in disem Fall an die Stände des Reichs wenden möge, wo der König Sich auf das Beste für ihn verwenden wollte: und daß außer deme, (um dem Churfürsten einen Beweis von seiner persönlichen Uneigennüzigkeit zu geben,) der König den Churfürsten vornemlich bitten liesse, keine entscheidende Schritte ohne Zuziehung des Französischen Hofes zu thun; eines Hofes, so der Bundesverwandte des Oesterreichischen- und Freund des Pfälzischen Hauses, auch Garant des Westphälischen Fridens, seye; daß, wenn auch der Churfürst, in Rucksicht des Einmarsches der Oesterreichischen Trouppen in seine Staaten, schon Verbindlichkeiten eingegangen hätte, die Erhaltung der öffentlichen Ruhe doch, wenn dise wichtige Sache noch an den Reichstag- und an erwehnte Mächte gebracht würde, durch deren vereinigte Verwendung villeicht zu bewirken stehen würde.

Der Graf von Görz ertheilte hievon dem Chur-Pfälzischen Comitialgesandten Nachricht, welcher versprache, sich von dem Churfürsten Befehl zu erbitten, ob es dem Churfürsten angenehm seyn werde, daß der Graf sich persönlich bey ihme einfinde, oder ob er einen vertrauten Minister ernennen wolle, mit welchem solcher in eine Unterhandlung tretten könne?

Der Churfürst aber liesse antworten: Daß er, da er die Oesterreichische Trouppen in seinem Lande gehabt, sich, für das Beste seiner Unterthanen, und aus Liebe zum Friden, genöthiget gesehen habe, eine Convention zu schliessen, welche ihm die Hände bände, und ihn verhinderte, sich die freundschaftliche Anerbietungen des Königs zu Nuz zu machen.

Darauf befahl der König, der Graf solle sein Creditiv an den Churfürsten nicht übergeben.

§. 15.

§. 15.
Chur-Sächsisches Betragen.

Chur-Sachsen sandte, auf erhaltene Nachricht von dem Absterben des Churfürstens in Bayern, den Geheimen Rath Freyh. von Zehmen, nach München, von der Allodialerbschafft Besiz zu nehmen, und alles sonst nöthige zu besorgen: Es wurde ihme aber geweigert, ihne zur Mitversiglung des Archivs und Ausrichtung seines übrigen Auftrags zuzulassen; wogegen Chur-Sachsen protestirte.

Pf. Zweybr. Vorleg. Urk. S. 35.

Nicht weniger wandten sich Chur-Sachsen an des Kaysers Maj., die Kayserin-Königin, auch mehrere auswärtige Machten, absonderlich den König in Preussen.

Chur-Sächs. kurze Vorstell. S. 4.

§. 16.
Oesterreichische Erklärung an die fremde Höfe.

Den 20. Jan. liesse der Kays. Königl. Obrist-Hofcanzler Fürst von Kauniz, allen zu Wien anwesenden fremden Gesandten eine Französische Note mittheilen, des Hauptinnhalts:

Nach Absterben des Churfürstens in Bayern habe der Churfürst von Pfalz, als Nachkömmling des ersten Erwerbers, zu Behauptung der Erbfolge in Bayern einige ihme dienlich geschienene Schritte gethan: Oesterreich hingegen habe Chur-Pfalz mitgetheilt, was es für Ansprüche habe: 1. Auf die dem abgestorbenen Hause Bayern von Böhmen verliehene Lehen; 2. auf die Grafschafft Mindelheim, und 3. auf einige Districte in Bayern, aus denen schon angeführten Gründen: welche auch Chur-Pfalz als gültig erkannt habe.

Währender Tractaten habe Chur-Pfalz doch von ganz Bayern Besiz genommen; welches Oesterreich veranlaßt habe, ein hinreichendes Corps von Trouppen gegen Bayern anrücken zu lassen: Es seye aber bald darauf aller Mißverstand gehoben, ein gütlicher Vergleich getroffen worden, auch darauf nur so vil Mannschafft in Bayern eingerückt, als zu der verglichenen Besizergreiffung nöthig erachtet worden seye: Die Gesandte möchten also dises an ihre Höfe berichten.

Pf. Zweybr. Vorleg. Urk. n. 7. S. 14.

§. 17.

§. 17.
Und bey dem Reichstag.

Eben disen 20sten Jan. geschahe auch zu Regensburg bey dem Reichsconvent durch die Oesterreichische Gesandtschafft eine im Hauptwerck gleiche Erklärung.

s. Pfalz-Zweybr. Vorleg. Urkund. Beyl. 6. S. 14.

§. 18.
Chur-Pfälzisches Schreiben an Pf. Zweybrücken.

Den 22. Jan. 1778. schriebe der Churfürst zu Pfalz an den Herzog zu Pfalz-Zweybrücken: Er könne ihme, mittels der abschrifftlichen Beylage, nicht länger bergen, was er in der Bayrischen Succeßionssache mit der Kays. Königin für eine Convention getroffen- und den 14den dises ratificiret habe. Er hätte das leztere gern so lang verschoben, biß er sich mit dem Herzog, und andern gut gesinnten Höfen, vertraulich hieraus zu vernehmen, so fort auch mittlerweile bessere und vortheilhafftere Conditionen zu bewircken, Zeit und Gelegenheit gefunden hätte: Allein er seye von dem Kayserlichen Hof dergestalt preßirt und in die Enge gebracht worden, daß ihme hierzu keine Zeit mehr übrig gebliben seye, sondern er habe sich ohne längeren Verzug zu einem von beyden, nemlich zu der Ratification, oder gänzlichen Abrumpirung des Conventionsgeschäffts, entschliessen müssen; wobey er lezteren Falles nichts anders zu erwarten gehabt hätte, als daß die in seine Lande bereits eingerückte Trouppen nicht nur den Conventionsmäßigen Antheil, sondern auch (wie man sich zu Wien gegen seinen Minister verlauten lassen,) samtliche Bayrische Lande, und so gar die Residenzstatt München selbst, in den Besitz genommen- fort den Churfürsten, von da weg zu gehen, bemüßiget haben würden. Was für ungemein und höchstgefährliche Weiterungen hieraus entstanden wären, welche am Ende keinen andern, als sehr nachtheiligen, Ausgang für den Churfürsten, und alle seine so wohl Bayrisch- als Pfälzisch- dann Jülich- und Bergische, Lande genommen haben würden, seye um so leichter zu ermessen, als sich unfehlbar auch andere Höfe in die Sache gelegt- das Beste für sich herausgenommen- dem Churfürsten aber wenig, oder gar nichts, davon zu überlassen gesucht hätten. In diser kritischen Lage und mißlichsten Aussicht habe er keine andere Wahl mehr gehabt, als

als von zweyen Uebeln das kleinere, und vor dem unsichern das sichere, zu erwählen; wobey er, wie in allen anderen Vorfallenheiten, nicht so vil auf eine particular- als das Interesse commune, gesehen; mithin jene Parthie vorzüglich ergriffen habe, wodurch der Ruhestand und die gemeine Wohlfahrt des Vaterlandes noch erhalten werden möge; derowegen er sich auch von dem Herzog seines vollkommenen Beyfalls hierinn getröste, und denselben annebens versichere, daß er bey dem Art. 6. der Convention vorbehaltenen Austausch, und der darüber weiters abzuschliessenden Convention, gewiß nichts ausser Acht lassen, sondern alles menschmögliche anwenden werde, was so wohl zum Besten und Aufnahm seines Churhauses, als zu Conservation seiner Land und Leute, immer dienlich und thunlich seyn möge.

Preuß. abgen. Anzeig. etc. Beyl. 1. S. 9.

Der Churfürst lude auch den Herzog nach München ein und der Herzog nahme es an.

Allda, S. 13.

§. 19.
Kayserliche Erklärung an den Reichstag.

Den 23. Jan. 1778. berichtete man aus Regensburg: Von Ihro Kayserliche Maj. habe Dero Principal-Commißion den Auftrag, denen sämtlichen Gesandtschafften noch zur Zeit mündlich zu eröffnen:

Auf Ableben des Herrn Churfürsten von Bayern Churfürstl. Durchl. und Erlöschung des Mannsstammes der sogenannten Wilhelminischen Linie, sey die Succeßion in dessen Reichslehenbaren Landen in Bewegung gekommen; Ihro Erzhauß habe wegen seiner auf einige Districte in dem Bayrischen Herzogthum, und auf das Reichslehen der Herrschaft Mindelheim auch Kayserliche Lehen- und Anwartschaftbriefe erhaltenen Gerechtsamen sich mit des Herrn Churfürsten von der Pfalz Churfürstl. Durchl. gütlich einverstanden.

Nachdem aber ausser dem Reichslehenbaren Herzogthum Bayern und der Reichsherrschaft Mindelheim noch andere Reichs-Mannslehen, wie die Landgrafschaft Leuchtenberg und andere Graf- und Herrschaften innegehabt, welche als alleinig der Herzogl. Bayrischen Linie verliehen, Ihnen und dem Reich erledigt seyen, so hätten

Sie,

Sie, Kraft Reichs-Lehenrechten, Ihro Königl. Wahlcapitulation und dem Reichs-Herkommen die Verfügung getroffen, daß gedachte Ihnen und dem Reich erledigte Lehen durch Ihren dazu angeordneten Commissarium, den würklichen geheimen Rath Grafen von Hartig, in Besitz und Verwaltung genommen würden, somit in Voraus dasjenige beobachtet werde, was desfalls in der Capitulation enthalten seye.

In dem verkündeten Kayserl. Patent seye benebst dem, daß zu besserer jedermanns Wissenschaft die vorgemeldten Reichslehen specificiret wären, die ausdrückliche Erklärung hinzugefüget, daß dise Ihre Reichs-Lehenherrliche Besitz- und Verwaltungs-Anordnung derowegen etwa darunter begriffenen Eigenthum, von andern Lehen herrührenden Stücken, oder in andere rechtliche Weiß Anspruch habe, benachtheiliget, sondern jeder nach Vorlegung und Rechtfertigung seiner Foderung in rechtlichem Weg gehöret und auf das schleunigste rechtsgenüglich befriediget werden solle.

In Ansehung deren auf dem Herzogthum Bayern und andern Reichslehen haftenden Herzogl. Bayrisch- und Landgraf-Leuchtenbergischen Fürstlichen und Gräflichen Stimmen im Fürstenrath und bey Craysen erachteten Sie bey vorerwähnten Umständen räthlich, daß die Stimmführungen annoch offen zu belassen, vor unbesetzt zu betrachten, und die auf weitere Ausgleichung und gesetzliche Verfügung niemand zu einer Legitimation anzunehmen seye. Damit aber, da die nemliche Betrachtung sich auf das Herzogl. Bayrische Crays-Mitausschreibamt und Direction in Bayrischen Crays erstrecke, gleichwohl indessen sowohl in publicis als judicialibus, sonderheitlich in unverschieblichen Fällen, die Handlungen nicht auf sich erligen bleiben könnten, gedächten Sie, Kraft ihres Kayserl. Oberſthauptlichen Vorsehungsamts provisorie des Herrn Erzbischoffs von Salzburg Hochfürstl. Gnaden aufzutragen, daß er als mitausschreibender Fürst des Bayrischen Crayses in solchen unverschiblichen Fällen alleinig verfahre, dadurch aber Ihm so wenig ein neues Recht beygelegt seye, als wenig auch bis auf weitere Ausgleichung und gesetzliche Verfügung durch solche alleinige Fürschreitung Ihme und jemand einiger Nachtheil zugehen solle.

In

In gleicher Maaß würden Sie auch beyde Reichsgerichte anweisen. Sie glaubten solcher Art den Gesetzen Ihrer Wahlcapitulation und Reichsväterlichen Obsorg bis nun Genügen geleistet zu haben, und würden in der nemlichen Maaß das weitere eintreten zu lassen nicht entstehen.

§. 20.

Oesterreichische Erklärung wegen der Bayrischen Stimm beym Reichstag.

Ferner erklärte der Oesterreichische Gesandte: Daß sein Hof von dem Antheil an dem Bayrischen Stimmrecht in dem Fürstlichen Collegio abstrahire, und es Chur-Pfalz überlassen habe; mit dem Beding, daß Chur-Pfalz die samtliche Reichsanlagen und den Cammergerichts Matricular-Anschlag von ganz Bayern übernehme, und nie um eine Moderation derselben ansuchen wolle.

Staatsbegeb. 1778. S. 258.

§. 21.

Oesterreichisches Huldigungs-Patent rc.

Den 31. Jan. 1778. liesse die zu Straubingen aufgestellte Oesterreichische Commißion die Nider-Bayrische Landstände zu Leistung der Huldigung vorladen;

Den 7. Febr. ergienge von ihr eine Verordnung an die Vasallen, wegen Leistung ihrer Lehenspflicht;

Den 13. Febr. aber wurde die Huldigung bis Ostern verschoben.

Vollst. Samml. von Staatsschr. rc. 1. Th. 1. St. n. 9. 11. 12.

§. 22.

Handlungen zwischen Preussen und Pf. Zweybrücken.

Als der Churfürst von Pfalz alle Unterhandlungen mit Preussen abschlug, gab der König dem Grafen von Görz Befehl, sich zu dem Herzog nach Zweybrücken zu begeben.

Unterwegens schriebe der Graf den 2. Febr. an des Herzogs Minister zu München, von Hofenfels: Er wolle ihne von dem Gegenstand seiner Reise nach Zweybrücken benachrichtigen: Der König, welcher die zwischen Bayern und Pfalz errichtete alte Erbverträge kenne, hätte gewünscht, das Pfälzische Haus in dem ruhigen Besiz der Bayrischen Staaten gesezet zu sehen: Er wünsche vornemlich, daß

der

der Herzog in einer so interessanten Sache, die zugleich die Aufrechterhaltung der Grundgeseze der Reichsverfassung angehe, keinen entscheidenden Schritt thun möchte, ohne die Theilnehmung des Churfürstlichen Collegii und seiner Mitstände, und ohne vorher diserhalb mit dem Französischen Hofe, (welcher seit so langer Zeit der Bundesverwandte des Pfälzischen Hauses seye,) ein Einverständniß getroffen zu haben.

Der Herzog von Zweybrücken ware indessen auf seiner Reise nach München bis Augsburg gekommen: Von da aus schriebe er den 3. Febr. 1778. an den Grafen von Görz: Sein, des Herzogs, Gesandter ertheile ihme den Augenblick Nachricht von dem Schreiben, so der Graf an ihn erlassen habe: Er, der Herzog, seye auf das lebhafteste gerührt durch die Gewogenheit, welche der König ihme dadurch erweise, daß er an dem Wohl seines Hauses und an dem unglücklichen Schicksal von Bayern Antheil nehme, welches Unglück dadurch aufhöre, so bald der König einigen Antheil daran nehme. Der Herzog gehe nach München, wo er nur etliche Tage bleiben werde, nicht um eine Sache zu unterzeichnen, woran er gar nicht denke, und weshalben er sein Ehrenwort gebe, daß er es nicht thun werde, sondern um daselbst dem Churfürsten, der ihn eingeladen habe, einen Besuch abzustatten. Der Herzog wisse zu gut, was er seinem Hause, dem Könige von Franckreich, (der von je her der Beschüzer seines Hauses gewesen,) und dem Könige in Preussen, so bald Er ihme seine Gewogenheit zuwende, schuldig seye, als daß er ohne deren Genehmigung einen dergleichen Schritt thun könnte. Hievon solle der Graf den König benachrichtigen, und ihm zugleich des Herzogs aufrichtiger Erkenntlichkeit und tiefen Ehrerbietung versichern. rc.

Als der Graf von Görz bey dem Herzog zu München angelangt ware, übergabe er ihme in der ersten Audienz eine Schrifft, des Hauptinnhalts:

Der König in Preussen habe nicht gleichgültig ansehen können, daß, nach Absterben des Churfürstens in Bayern, des Pfälzischen Hauses ungezweifeltes Erbfolgsrecht verletzet werde; und dem Herzog, als nächsten Erben, müsse es noch weit mehr empfindlich seyn. Der König wünsche, zu Erhaltung der Gerechtsame des Pfälzischen Hauses und des Herzogs etwas mit beytragen zu können, so bald der

Herzog

Herzog ihme darzu die Mittel an die Hand gebe. Der König suche den Friden zu erhalten: In Ermanglung des Churfürstens zu Pfalz, möchte der Herzog seine Beschwerden über die Convention vom 3ten Jan. bey dem Reichstag anbringen. Da der König, nebst seinen Mitständen, und anderen Mächten, als Franckreich, dadurch berechtiget würden, sich das Interesse des Pfälzischen Hauses annehmen zu können; so hoffe der König, daß man Mittel finden werde, die Sache in Güte beyzulegen. Alle andere Mittel, selbst die Entsagung auf alle (auch nicht gegründete,) Ansprüche, lassen gewisse Unruhen voraussehen. Sobald der Herzog sich hierzu entschliesse, werde der König alle Sorgfalt anwenden, ihme seine ganze Freundschafft zu bezeugen, und sein Interesse nie aus den Augen lassen.

Den 8. Febr. 1778. danckte der Herzog dem König für seine Gesinnungen, ohne welche er, bey der critischen Lage, darinn er sich befinde, unterligen würde. Der Churfürst von Pfalz habe erst vor 6. Monathen einen Unionstractat mit ihme geschlossen, und der Herzog werde sich nie von der Ehrerbietung gegen ihne entfernen; aber auch ohne Einstimmung des Französischen Hofes nichts unternehmen. Er seye fest entschlossen, nichts zu thun, was seinem wahren Interesse, seiner Ehre, und seinem Ruhm, zuwider seyn könnte. Er werde seine Rechte durch eine feyerliche Protestation bey dem Reichstag verwahren; der König möchte solche unterstüzen, die Garantie der Tractaten von 1766. 71. und 74. übernehmen, und sich verwenden, daß Franckreich, und andere dabey intereßirte Mächten und Reichsstände, solchen gleichfalls beytretten.

Preuß. abgenöth. Anzeig. S. 11. u. f.

Oesterreich behauptet: Preussen habe den Herzog von Zweybrücken durch geheime Bearbeitungen, Drohungen und Versprechungen, abgehalten, der Convention vom 3. Jan. beyzutretten, auch zu solchem Ende Himmel und Erde beweget, und dadurch den Herzog zum klagenden, sich aber zum beschüzenden Theil gemacht.

Oest. Gerecht. S. 8. 14.

Der Herzog hingegen sagt: Er habe keine Emissarien nöthig gehabt, welche ihn an das erinnerten, was er sich, seinem Hause, und der Teutschen Staatsverfassung, schuldig seye: Disen Pflichten seye er allezeit getreu verbliben; wie dises denen zu München

 anwe-

anwessend gewesten Kayserlich- und Chur-Pfälzischen Ministern gar überflüßig wohl bekannt seye.

Pf. Zweybr. Vorleg. S. 12.

Und Preussen meldete: Es rechne es Sich zur Pflicht und zum Ruhm, auf die uneigennüzigste Art einen Mitstand zu beschüzen, den die Vergrösserungssucht Oesterreichs und seiner Ministers um einen beträchtlichen Theil seiner zukünfftigen Erbfolge bringen wolle.

Preuß. Beantw. S. 15.

§. 23.
Handlungen zwischen Oesterreich und Pfalz-Zweybrücken.

Oesterreich behauptet: Man habe dem Herzog von Zweybrücken anerboten, daß er eine selbst beliebige vertraute Person nach Wien abschicken könne, um die Originalurkunden in Augenschein und Untersuchung nehmen zu lassen: Der Herzog seye aber jähling von München abgereißt, habe zwar versprochen, in 12. Tagen wieder zu kommen, und er, auch sein Minister von Hofenfels, haben versichert, daß der Herzog annoch der Convention beytretten würde; zu welchem Ende man von Wien ein Formular des Herzogs Beytritts- und der Oesterreichischen Annahmsurkunde nach München übersandt habe: Die verdoppelte Preußische Bemühungen aber hätten ihme mit solcher Hefftigkeit zugesezt, daß des Herzogs versprochene Rückkehr nach München unterbliben- und seinem Comitial-Stimmvertretter befohlen worden seye, gegen die Convention mit Chur-Pfalz zu protestiren.

Oest. Gerechts. S. 8. 10.

Preussen dagegen sagt: Oesterreich und Chur-Pfalz hätten Zweybrücken Hoffnung gemacht, daß Oesterreich bey einer zweyten Convention sich zu vortheilhaffteren Bedingungen verstehen dörffte: Der Herzog habe darauf seinen Gesandten darzu bevollmächtiget:

Als es aber zu den wirklichen Verhandlungen gekommen, seye der Oesterreichische Minister schlechterdings auf der Unterschrifft der Convention bestanden: Und ob man gleich nachhero die Einsicht der Urkunden in Wien bewilliget; so habe man doch allemal zugleich die unbedingte Unterschrifft der Convention verlangt, auch sich über keine Bedingnisse einer zweyten Convention vernehmen lassen wollen.

Da

Da nun alle Hoffnung, den Churfürsten zu Pfalz zum Rücktritt, oder den Kayserlichen Hof zu billigeren Bedingnissen, zu bewegen, verschwunden seye; so seye auch des Herzogs Rückreise unnöthig gewesen, und ihme nichts übrig geblieben, als seine Gerechtsame auf dem Reichstag und bey denen Landständen förmlich zu verwahren.

Preuß. Beantw. S. 9. 11.

Ferner: Dem Herzogen zu Zweybrücken und seinen Ministern habe man, auf den Fall, daß sie der Convention nicht beytretten würden, mehr denn einmal zu verstehen gegeben, daß man nicht allein die zweyte zu errichtende Convention, mit ihrer Uebergehung, mit dem Churfürsten allein errichten, sondern auch alle darinn, mittelst Anerkenntnisses der Erbfolgen, Zuwendung der Reichs- und Böhmischen Lehne, und anderer zu bestimmenden Vortheile, der Sulzbachischen Linie allein, mit Ausschliessung der Birkenfeldischen, zuwenden, und bey dem künfftigen Succeßionsfall seine Ansprüche auf ganz Bayern gegen den Herzog bestens geltend zu machen wissen werde.

Preuß. abgen. Anzeig. S. 6.

§. 24.
Preußische erste Vorstellung in Wien.

Den 7. Febr. 1778. übergabe indessen der Preußische Gesandte zu Wien auf die Note vom 20. Jan. eine Vorstellung, des Hauptinnhalts:

Es seye schwer zu begreifen, 1. wie Böhmen diejenige Districte als heimgefallene Lehen ansprechen könne, welche doch einen wesentlichen Theil der obern Pfalz ausmachten, und deren Rückfall an Pfalz, nach Abgang des Hauses Bayern, durch den Westphälischen Friden ausdrücklich und ohne Ausnahm versicheret worden seye; 2. wie eine, ohne Mitbewilligung des Reichs, ertheilte Kayserliche Anwartschafft ein grosses Herzog- und Churfürstenthum zertrennen könne, welches allen Linien des Hauses Pfalz zustehe, und eben so durch den Tractat von Pavia mit einem Fideicommiß belegt, als durch den Tit. 25. der güldenen Bull für unzertrennlich erkläret worden seye? 3. wie der Churfürst von Pfalz über dergleichen Sachen habe einen Vertrag schliessen, und ein so wichtiges Stück seiner Erblande, zum Nachtheil seiner Stammensvettern und der Allodialerben, an ein fremdes Haus veräusseren können? 4. wie beede Kayserliche M. Maj. (ohnbeschadet der Reichsgeseze und Verfassung,) durch einen besonderen Vertrag über eines der ältesten und grösten Churfürstenthümer haben disponiren = und es so beträchtlich verringeren können, ohne sich des Wegs des Rechtens zu bedienen, oder das Reich und die intereßirte Parthien darüber zu vernehmen, sondern es gleich durch ein beträchtliches Corps von Trouppen einnehmen zu lassen? 5. Da auch Kayserliche Maj. einige als eröffnete Reichslehen angesehene Stücke habe einziehen lassen; so hoffe man, selbige würden nicht durch Haustrouppen besezt bleiben, oder etwas wegen derselben verfügt werden, als, nach dem 11ten Art. der Kayserl. Wahlcapitulation, und daß einem Jeden Reichsgesezmäßiges Recht angedeyhe.

Der König könne bey einer so critischen Begebenheit nicht gleichgültig seyn, weil die Folgen der gemachten Verfügungen das Wesen der wichtigsten Churfürstenthümer und das ganze Gleichgewicht der Macht in dem Reich über den Hauffen werfen könnten: Er seye dabey als Churfürst, Reichsstand, mitschliessender Theil und Garant des Westphälischen Fridens, auch aller, in dem Hubertsburger Friden Art. 19. ausdrücklich bestättigten Reichsgeseze intereßirt, und erwarte eine solche Gegenaüsserung, welche fähig seye, Mittel ausfindig zu machen, wodurch die wichtige Bayrische Erbfolge, auf eine denen Rechten der dabey intereßirten verschidenen Parthien und denen Reichsgesezen gemässe Art berichtiget = auch die Ruhe des ganzen Reichs erhalten werden könne.

Ferner übergabe der Preußische Gesandte ein Memoire über die Nachfolge in die Königlich = Böhmische Lehen in der obern Pfalz nach dem Tode des lezten Churfürsten in Bayern; darinn behauptet wird: Wann man dieselbige nach ihrem Ursprung und der Geschichte untersuche, so seye es unmöglich, sie für offene und Böhmen durch den besagten Todesfall heimgefallene Lehen zu betrachten; vilmehr müßten dieselbige, samt der übrigen oberen Pfalz, dem Hause Pfalz zu Theil werden, weil die obere Pfalz, Krafft des Westphälischen Fridens, eben so, wie sie von Bayern besessen worden, an Pfalz zurückfallen solle: Unter denen dabey den Allodialerben vorbehalbehaltenen Gerechtsamen aber seyen die 13. Millionen Kriegskosten verstanden, welche sie nun an Oesterreich zu fordern haben.

Staatsbegeb. 1778. S. 611.

§. 25.

Oesterreichische Erklärung gegen Chur-Sachsen.

Den 14. Febr. wurde von Oesterreich dem Chur-Sächsischen Gesandten erklärt: Man gedencke, durch die erlassene Patente und die darauf erfolgte Besitzergreiffung der an Oesterreich zurück- und angefallenen Districte und Ortschafften sich nur auf das, was die Kayserliche Belehnungs- und Anwartschafftsbrieffe und das Dominium directum der Cron Böhmen mit sich bringen, zu beschräncken, und hierinnfalls Niemand, am allerwenigsten aber Chur-Sachsen, an seinen zu vermeinen habenden Forderungen zu kräncken; nur werde es darauf ankommen, daß die Allodialstücke durch richtige Beweise dargethan- und so dann, nach Maaßgabe des Zeitpuncts der Erwerbung, selbe der einen oder der anderen Regredienzerbschafft zugetheilet werden; indeme die K. Königin Selbst, vermöge des Regredienzrechts, eine Bayrische Allodialerbin wäre.

Oest. Gerechts. S. 106. Ch. Sächs. kurz. Vorstell. S. 4.

§. 26.

Chur-Sächsische weitere Vorstellungen an Oesterreich.

Chur-Sachsen liesse aber zu Wien eine zweyte und den 22. Mart. eine dritte Vorstellung thun, verwahrte zugleich seine Gerechtsame, und erbote sich in diser so verworrenen Angelegenheit zu einem gütlichen Vergleich.

Ch. Sächs. kurze Vorstell. S. 5.

§. 27.

Oesterreichische Erklärung darauf.

Die K. Königin beharrete aber in der Antwort auf das zweyte pro memoria auf Ihrem Regredienzrecht und dem genommenen Besiz, ohne einige bestimmte Anträge zu einem gütlichen Auskommen zu thun:

Und auf die dritte Vorstellung gab man gar keine Antwort.

Alda.

§. 28.
Kayserliche Erklärung gegen Chur-Sachsen.

Des Kaysers Maj. aber erklärten Sich, Sie wollten bey disen Streitigkeiten nicht anderst, als in der Eigenschafft des Reichs-Oberhaupts, erscheinen; vorhero aber gewärtigen, was die, so an die Bayrische Verlassenschafft Ansprüche machten, unter sich in recht- oder gütlichem Wege vornehmen würden; wornach Sie, Ihr Kayserliches Amt, denen Reichsgesezen und der Wahlcapitulation gemäß, eintretten zu lassen, nicht entstehen würden.

Allda, S. 6.

§. 29.
Oesterreichische erste Antwort an Preussen.

Den 16. Febr. 1778. erhielte der Preußische Gesandte zu Wien im Hauptwerck zur Antwort: Es seye nicht wohl faßlich, daß eine ganz einfache Sache so verwickelt angesehen- und so vile Schwürigkeiten dabey gefunden werden wollen. Niemand könne es einer jeden Macht verargen, wann sie ihre zu haben glaubende bestens gegründete Rechte würcksam zu machen suche. In dergleichen Fällen gebe es nach der Teutschen Reichsverfassung nur zwey Wege, entweder einen gütlichen Vergleich, oder eine Entscheidung des Kaysers und Reichs. Jeder Stand seye befugt, sich mit seinen Mitständen wegen ihrer habenden Ansprüche zu vergleichen, wann es nur ohne Nachtheil eines Drittens gegründeter Rechte, oder des Kaysers und Reichs, geschehe; und dises Recht würde vernichtiget, wann ein jeder einzelner Reichsstand, welchen die Sache gar nichts angehe, die Rechtskrafft eines solchen Vertrags anfechten könnte.

Disem gemäß habe die K. Königin dem unstreitig- und alleinigen Bayrischen Haupterben, dem Churfürsten zu Pfalz, ihre Ansprüche an die Bayrische Erbfolge und deren Beweisthümer vorgelegt; er habe sie untersucht, gerecht erkannt, sich mit Ihro verglichen, und jeder Theil habe, deme gemäß, das seinige in Besiz genommen: Es habe also Niemand ein Recht, disem Vergleich zu widersprechen: Indessen welle man doch freundschafftlich auf die erregte Zweifel antworten.

(Derselben Innhalt gehöret, so vil den Rechtspunct betrifft, meinem Plan gemäß, nicht hieher:)

Her-

Hernach wird gemeldet: Die Besiznehmung seye erst nach erfolgtem Vergleich geschehen; ob es gleich nicht an Beyspilen ermangle, da man, zu Sicherstellung seiner Rechte, etwas in Besiz genommen habe, ehe man noch einmal seine Ansprüche bekannt gemacht habe: So habe auch der Kayser die eröffnete Reichslehen nicht durch Haus- sondern durch Kayserliche und Craysvölcker besezen lassen, und werde damit Capitulationsmäßig verfahren, auch Jedem das Recht angedeyhen lassen.

Man hoffe also, der König werde sich hiebey beruhigen.

Preuß. Exposé Beyl. 2. S. 2.

Zugleich wurde auch das Preußische pro memoria wegen der Böhmischen Lehen beantwortet, und behauptet: Die in Nordgau gelegene (in späteren Zeiten so genannte,) obere Pfalz habe nie eine Zugehör oder einen Bestandtheil des Churfürstenthums von der Pfalz ausgemacht und man müsse sorfältig unterscheiden, was Reichs- und was Stücke seyn, die von Böhmen abhangen; die leztere seyen wieder theils Pfandschafften, theils Lehen, gewesen: Dise seyen durch die Chur-Pfälzische Felonie verlohren gegangen, von Churfürst Maximilian I. in Bayern aber von neuem erworben, mithin durch Erlöschung seiner Nachkommenschaft wieder eröffnet worden; Und so seye auch die Schuld der 13. Millionen durch den Westphälischen Friden erloschen.

Staatsbegeb. 1778. S. 626.

§. 30.
Pfalz-Zweybrückische Vorstellungen.

Den 16ten Febr. 1778. bate der Herzog von Pfalz-Zweybrücken auf Anrathen des Königs in Preussen, die Kayserin-Königin um Mittheilung derer in denen Patenten vom 12. und 15. Jun. berührten Urkunden.

s. Pfalz-Zweybr. Vorleg. Urkund. n. 9. S. 18. 22.

In einem Schreiben vom 28. Febr. aber ersuchte der Herzog Kayserl. Majest. dise dem Herzoglichen Hause so hoch angelegene- und das ganze Reichssystem interessirende- Sache zu einer gedeyhlichen Reichsgrundgesezmäßigen Auskunft zu befördern.

Und in einem zweyten Schreiben von eben disem 28. Febr. stellte der Herzog Kayserl. Majest. vor: Unter denen in dem Patent vom

16.

16. Jan. benahmsten Reichslehen befinden sich verschidene, welche von jeher partes integrantes des Herzogthums Bayern gewesen, andere, die dem Bayerischen Lehenbrief über die Thronlehen nahmentlich einverleibt seyen, und andere, die Bayern vermöge der güldenen Bull an sich gebracht habe: Alle aber fallen, nach der Bayrischen Hausverfassung, nun auf Chur-Pfalz; ohne daß eine unherkommliche Simultanbelehnung hierzu nöthig wäre; Kayserliche Majest. möchten also untersuchen lassen: Ob dise Lehen würklich eröffnet worden seyen?

Allda, Urkund. 9. S. 18. u. f.

Endlich ersuchte der Herzog den 28. Febr. auch die Kayserin-Königin nochmals: Ihme die Zeit zu gönnen, in diser wichtigen Sache die beyderseitigen Gründe zu prüfen, und sich alsdann zu erklären; indessen aber die Vollziehung der Convention in Anstand zu lassen.

s. Pf. Zweybr. Vorleg. Urkund. n. 10. S. 21.

Preussen meldet: Der Kays. und Kayserl. Königl. Minister von Lehrbach, (der doch an den Herzog eigens accreditirt gewesen seye,) habe dise Schreiben nicht annehmen wollen, so lang der Herzog auf seinem Widerspruch beharre, und einen Preußischen Gesandten an seinem Hof halte; so, daß der Herzog genöthiget worden seye, dise Schreiben an den Reichsvicecanzler und Oesterreichischen Hofcanzler zu schicken.

Preuß. Beantw. S. 15.

§. 31.

Mecklenburgischer Anspruch an Leuchtenberg.

Unter dem 28. Febr. liesse das Herzogliche Haus Mecklenburg die Cap. 5. angeführte vorläufige Ausführung seiner Ansprache an die Landgrafschafft Leuchtenberg bekannt machen.

§. 32.

Mecklenburg-Schwerinisches Schreiben an den Kayser.

Den 2. Mart. 1778. schriebe der Herzog zu Mecklenburg-Schwerin an Kayserl. Majest.: Der Kayser habe Jedem, der ein Recht an die erledigte Chur-Bayrische Reichslehen haben möchte solcherhalben Recht angedeyhen zu lassen, versichert: Ein solches Recht habe Mecklenburg an die Landgrafschaft Leuchtenberg, Krafft der im Jahr 1502. vom Kayser Maximilian I. erhaltenen Anwartschafft, so auch auf einige andere Reichslehen, aus dem Grund einer seit vilen Jahren seinem

nem Hause, aus unterschidenen rechtmäßigen, bißher ungetilgt verblibenen Forderungen, gebührenden Entschädigung: Der Kayser möchte also die Sache an die beede höhere Reichscollegia gelangen lassen, um ihme zum Genuß seines Rechts zu verhelffen.

§. 33.

Pfalz Zweybrückische Accession zu den Verträgen zwischen Bayern und Pfalz.

Den 8. Mart. accedirte der Herzog zu Pfalz-Zweybrücken obgedachten in den Jahren 1766. 71. und 74. zwischen Bayern und Pfalz geschlossenen Verträgen durch eine eigene, zu Zweybrücken ausgefertigte, Urkund.

Pf. Zweybr. Vorleg. S. 51. Urkund. 36. S. 157.

§. 34.

Preußische zweyte Vorstellung in Wien.

Nachdeme auch indessen Chur-Sachsen, Pfalz-Zweybrücken und Mecklenburg, sich entweder von freyen Stücken an den König in Preussen gewandt, oder doch dessen Anerbieten, sich ihrer annehmen zu wollen, genehmiget hatten, stellte der Preußische Gesandte zu Wien den 9. Mart. 1778. zum zweytenmal hauptsächlich vor:

Der König seye durch die erhaltene Antwort in seinen Zweifeln gegen die Convention mit Chur-Pfalz noch weiter bestärcket worden. Der Vergleich seze voraus, daß die K. Königin eine gerechte Ansprache an die Bayrische Erbfolge habe: Nun seye aber 1. Bayern ein gemeinsames Stammgut derer Häuser Pfalz und Bayern, darinn ein Haus dem andern folge; 2. Kayser Sigmund habe im Jahr 1429. selbst Nider-Bayern denen Herzogen von Ober-Bayern zugesprochen; die von ihme an Oesterreich gegebene Belehnung seye nichtig, nachhero widerruffen, und in 350. Jahren keine Frage davon gewesen. 3. Die Oesterreichische Gründe wegen der Böhmischen Lehen würden durch die angeführte Gegengründe ebenfalls entkräfftet; 4. Wann der K. Königin Grund, warum sie als Regredienterbin an die Allodial-Verlassenschafft Ansprach mache, statt fände, hätten Kayser Josephs I. Prinzeßinnen in Oesterreich folgen müssen, und so würden sich alle von Bayrischen Prinzeßinnen abstammende Häusser melden können. Man lasse dahingestellt seyn, ob der

der Churfürst zu Pfalz den Vergleich freywillig eingegangen habe; da die Umstände das Gegentheil vermuthen lassen: Wann es aber auch dem so wäre; hätte er doch weder seinen Agnaten, noch dem Reich, etwas vergeben können, und es seyen allzuvile Dritte dabey interesirt, als daß die in der Antwort angeführte allgemeine Grundsäze auf disen Fall angewandt werden könnten; ja alle Reichsstände, und alle Machten, denen an der Erhaltung der teutschen Staatsverfassung etwas gelegen seye, haben Ursach, sich gegen dises Verfahren zu sezen, dessen Folgen für die Sicherheit des ganzen Reichs so gefährlich seyn würden. Der König bitte also, die Sachen wieder in den Stand zu stellen, wie sie bey dem Tode des Churfürstens zu Bayern gewesen seyn, und gütlichen Handlungen Plaz zu geben, um die Rechte von Sachsen, Pfalz, Mecklenburg, rc. berichtigen zu können.

Preuß. Exposé Beyl. 4.

§. 35.

Vorstellungen an das Reich von Mecklenburg-Schwerin.

Den 14. Mart. liesse Mecklenburg-Schwerin sein obgedachtes Gesuch auch an den Reichsconvent gelangen.

§. 36.

Von Preussen.

Den 16. Mart. 1778. liesse der König in Preussen denen Gesandtschafften bey dem Reichsconvent zu Regensburg mündlich vorstellen, was in diser Sache bißhero vorgegangen seye; mit Vermelden, daß, wann dise Ansprüche und Vergleich bestehen sollten, alle Sicherheit und das völlige Gleichgewicht in dem teutschen Reich aufgehoben werden würde, und mit dem Ersuchen: Es möchten, bey dem offenbar obhandenen allgemeinen Interesse, alle Stände sich mit dem König vereinigen, und durch gemeinschafftliche Vorstellungen bey dem Kayser und der Kayserin-Königin es dahin bringen, damit alles in den vorigen Stand gestellet, und auf eine denen Reichsgesezen und Bayrischen Hausverträgen so wohl, als denen Befugnissen derer Häuser, welche eine gegründete Anspruch darauf haben, gemässe Art regulirt werde; wie dann Pfalz Zweybrücken, Chur-Sachsen und Mecklenburg sich bereits deswegen an den König gewandt hätten.

Pf. Zweybr. Verlег. Urk. 15. S. 30.

§. 37.
Von Chur-Sachsen.

Chur-Sachsen liesse den 16. Mart. erklären: So lang nicht wegen der Ihme, als alleinigen Allodialerben des ausgestorbenen Bayerischen Ludovicianischen Mannsstamms, zuständigen und auf kundbaren Recht und Herkommen beruhenden, Gerechtsamen ein billiges Abkommen getroffen seye, könne es, vermöge des, gemeinen Rechten nach, denen Allodialerben zustehenden Juris possessionis & retentionis, keinen anderen Besizstand erkennen, hoffe auch, es werde alles in den Stand gesezet werden, damit der Weg der Negotiation über jeden Theils Rechte ohne Anstand eröffnet werden könne; warzu die Reichsstände, welche etwas darzu beyzutragen vermöchten, sich zu verwenden, ersuchet würden.

Staatsbegeb. 1778. S. 266.

§. 38.
Von Pfalz-Zweybrücken.

Eben disen 16. Mart. 1778. liesse der Herzog von Zweybrücken bey dem Reichstag den Hergang der Sache vorstellen, mit dem Anhang: Er hoffe zwar, daß Oesterreich, aus denen angeführten Gründen, sich entschliessen werde, von seinen Ansprüchen abzustehen; ersuche aber dennoch auch die Reichsstände um deren Verwendung, Vermittelung und Unterstüzung in diser wichtigen Sache, vermöge des gemeinen Reichsständischen Bandes.

s. Pfalz-Zweybr. Vorleg. Urkund. 11. S. 24.

Der Herzog wollte dise Aeusserung durch den Chur-Pfälzischen Gesandten, als seinen Stimmvertretter, ablegen lassen: Der Churfürst aber litte (wie Oesterreich vorgibt,) es nicht, und der Chur-Pfälzische Gesandte legte gar die Zweybrückische Stimmverführung nider; worauf der Pfalz-Zweybrückische Legations-Secretaire obige Aeusserung bekannt machte:

Oest. Gerechts. S. 10. 12.

Preussen hingegen behauptet: Der Churfürst zu Pfalz habe seinen Gesandten, den 6. Mart. ausdrücklich angewisen, des Herzogs Befehle zu befolgen: Der Gesandte habe es aber, auf Zureden des Oesterreichischen Gesandtens von Borrie, doch unterlassen.

Preuß. Beantw. S. 13.

§. 39.
Und von M. Strelitz.

Endlich so thate den 16. Mart. auch der Herzog zu Mecklenburg-Strelitz an das Reich eben eine solche Vorstellung, wie von M. Schwerin geschehen ware.
Staatsbegeb. 1778. S. 861.

§. 40. 41.
Chur-Pfälzische Gegenerklärung.

Der Churfürst von Pfalz aber liesse bey dem Reichsconvent erklären: Daß er an den Zweybrückischen Aeusserungen keineswegs einigen Theil nehme, noch jemals nehmen würde.
Oester. Gerechts. S. 12.

§. 42.
Chur-Pfälzisches Circulare wegen der Bayrischen Reichslehen.

Der Churfürst zu Pfalz solle ferner durch ein Circularschreiben die vornehmste Reichsstände um Intercessionalien an Kayserl. Maj. ersuchet haben, damit ihme die eröffnete Bayrische Reichslehen conferirt werden mögen.
Staatsbegeb. 1778. S. 269.

§. 43.
Oesterreichischer erweiterter Besitz rc.

Oesterreich erstreckte inzwischen seine Besitznehmung in Bayern immer weiter.

Der Herzog zu Zweybrücken und die Bayrische Landstände baten, die Huldigung, wenigstens biß zu Einsicht der Urkunden, zu verschieben: Aber vergeblich.
Preuß. Beantw. S. 11.

Nun gienge zwar die Anfangs auf den 23. Febr. angesezte Huldigung an Oesterreich nicht vor sich; allein den 23. und 26. Mart. muste sie würcklich geleistet werden.
Vollst. Samml. von Staatsschr. rc. 1. Th. 1. Stück. n. 14.

§. 44.
Handlungen zwischen Oesterreich und Pfalz m. Mart.

Die Kayserin-Königin schickte auch einen Freyherrn von Lehrbach nach München, um die Urkunden einzusehen, auf welchen bey ein oder

oder anderem Anstand der Beweis wegen der in Besiz genommenen Ortschafften und deren Gränzen beruhen möchte.

Der Churfürst truge darauf einigen von seinen Ministern auf, mit Zuziehung des geheimen Archivarii, forderist den Straubingischen Theilbrief von 1353. im Original vorzulegen und eine beglaubte Abschrifft davon nehmen zu lassen.

Den 22. Mart. aber liesse der Churfürst dem Freyh. von Lehrbach vorstellen:

1. Man werde auch Oesterreichischer Seits sich um so mehr gefallen lassen, den von Kayser Sigmund an Herzog Albrecht im Jahr 1426. ertheilten Belehnungsbrief auf gleiche Art zu communiciren, als dieselbe und der Theilbrief von 1353. bey der Convention vom 3. Jan. zur Grundlage seyen angenommen worden, und als ein Anhang derselben betrachtet werden dörfften.

2. Werde sich bey Einsicht des Originalbriefs veroffenbaren, daß in demselben nachstehende Gerichte und Ortschafften, (welche doch alle, dem Vernehmen nach, mit Kays. Königl. Trouppen besezet seyn sollen,) nicht enthalten seyen; als jenseits der Donau: Das Gericht Riedenburg mit dem dazu gehörigen Mautamt zu Regensburg, Altmanstein, Statt am Hof, Weichs, Wetterfeld, Schwarzach, Zwiesel, Weisenstein, Regen, Diessenstein, Bernstein, Bergamt Bodenmeiß; und disseits der Donau: Das Gericht Abensperg, Rottenburg, Eckmühl, Teyßbach, Reisbach, Leonsberg, Osterhofen, Griesbach, und villeicht noch andere, von welchen man sichere Nachrichten noch nicht habe erhohlen können: Man hoffe alsó, daß durch Einsicht des Theilbriefs diser Irrthum werde gehoben, und obgemeldte Districte dem Churfürsten vor allem wiederum eingeraumet werden: Uebrigens behalte man sich bevor, wegen der im Theilbrief dem Namen nach zwar enthaltener, aber nur mit gewissen bestimmten Gerechtigkeit zur Straubingischen Erbschafft gewisener Orte die nothwendige Erläuterungen mitzutheilen.

Preuß. Exposé, Beyl. 20. S. 80.

§. 45.

Chur-Pfälzische Aeußerung gegen Chur-Sachsen.

Den 23 Mart. liesse Chur-Pfalz auch auf die Chur-Sächsische Erklärung vom 16, münd- und schriftlich antworten: Es seye ebenfalls zur Güte geneigt und erbietig, so bald der activ- und paßiv Zustand der Chur-Bayrischen Hausgesezmäßigen Verlassenschafft, mittelst des würklich angefangenen Inventarii, aufgestellt seyn werde, eine Negotiation anzugehen. Da aber übrigens Chur-Pfalz durch den Vergleich mit Bayern von 1774 ein constitutum Possessorium erhalten: auch nach dem Tod des Churfürstens den würcklichen Besiz ergriffen habe; so verwahre es seine Rechte darinn gegen Chur-Sachsen.

Staatsbegeb. 1778. S. 267.

§. 46.

Pf. Zweybrückisches Schreiben an Schweden.

Den 26. Mart. 1778 theilte der Herzog dem König von Schweden mit, was er an den Reichsconvent habe gelangen lassen, mit Bitte, Sich, durch Instruirung seiner Comitialgesandtschafft, auch andere gutfindende behufige Wege, nachdrücklich dahin zu verwenden, damit dise in aller Betrachtung sehr interessante Sache zu einer R. Grundgesezmäßigen Beylegung, der selbst redenden Billigkeit nach, eingeleitet werden möge.

Und eben so schriebe der Herzog auch an den König in Dänemarck; und wahrscheinlich an Franckreich und Rußland ebenfalls.

Staatsbegeb. 1778. S. 859.

§. 47.

Oesterreichische Erklärung bey dem Reichstag.

Den 27. Mart. 1778. äusserten sich die Oesterreichische Ministers bey dem Reichsconvent:

Man scheue zu Wien das Licht gar nicht, auf die Preußische Vorstellung vom 16den das behörige mit den standhaftesten Gründen zu erinneren: Gleichwie man aber in einem so erheblichen Geschäffte, guter Ursachen halber, alle Umstände vorher sehr wohl zu combiniren gedencke; als möchten die Reichsstände mit aller einsweiligen Beurtheilung annoch an sich halten, bis die Zeit erlaubt haben würde, das Unschickliche jener voreiligen, den Reichsconstitutionen ganz entgegen lauffenden, Verwahrung in das volle Licht zu seyen. Man gönne dem König in Preussen die Ehre, in diser Sache eine für die Ruhe des teutschen Reichs nicht gleichgültige Sprache geführet zu haben:

Weil

Weil es aber noch nicht so weit gekommen seye, ihn als Garant des Westphälischen Fridens und obristen Richter anzuerkennen; so würde es auch sehr leicht seyn, in Bälde dem gesammten Reich die Augen zu eröffnen, was die wahre Triebfeder Dessen dabey habenden Absichten seye, wie vil Ungebühr Desselben Anmassungen mit sich führen, und mit welcher Bedencklichkeit vilmehr seine villeicht nicht entfernte eigene Vergrösserung mit der Zeit noch werden dörffte.

Staatsbegeb. 1778. S. 531.

§. 48.

Chur-Sächsische Vorstellung bey dem Reichstag.

Den 31. Mart. 1778. liesse Chur-Sachsen bey dem Reichsconvent seine Ansprach an die Chur-Bayrische Allodialverlassenschafft, und was es bißhero deßwegen gethan, von neuem vorstellen, auch melden, daß es den Kayser, die K. Königin, und alle andere bey der Teutschen Reichsverfassung intereßirte Mächten, ersuchet habe, die Sache in solche Wege einzuleiten, damit die Absonderung des Lehens vom Erbe vorgenommen, indessen aber den Allodialerben ihr Besiz und Innebehaltungsrecht eingeraumet werden möge; biß dahin wiederhohlte Chur-Sachsen die Verwahrung seiner Rechte, und erkenne biß zu seiner Abfertigung keinen andern Besizstand, seye jedoch bereit, zu einem gütlichen Abkommen die Hände zu bieten; nur möchte alles in den Stand gesezet werden, damit die Unterhandlungen eröffnet werden könnten.

s. Pf. Zweybrück. Vorleg. Urk. 17. S. 32.

Namentlich giengen dise Forderungen: 1. Auf die altväterliche- und nach dem Pavischen Vertrag vom Kayser Ludwig, und dessen sämtlichen Nachkommen, erworbene Erblehen und Güter, auch Lande und Leute; 2. auf die Verbesserungen und Nuzungen des lezten Jahres in denen alten und neuen Mannlehengütern; 3. auf die fahrende Haabe, nebst allem, was darzu gehörig; 4. auf die ausstehende Schulden, besonders jene 13. Millionen, wovor Maximilian I. die obere Pfalz erkaufft habe.

§. 49.

Publication des Chur-Bayrischen Testaments.

Den 1. Apr. 1778. wurde des verstorbenen Churfürstens in Bayern Testament, nebst dem Erbvergleich zwischen Bayern und Pfalz von

von 1765. 71. und 74. publicirt; und zwar in Anwesenheit Deputirter von Chur-Pfalz, denen Bayrischen Landständen, Chur-Sachsen und Pfalz-Zweybrücken. Hier ist davon nur so vil zu melden, daß der Churfürst zu Pfalz zum Universalerben ernannt ware, und die verwittwete Churfürstin zu Sachsen die so genannte rothe Juwelen des Bayrischen Hauses erhielte.

§. 50.

Oesterreichische zweyte Antwort an Preussen.

Auch den 1. Apr. 1778. wurde von dem K. Königlichen Hof dem Preußischen Gesandten zur zweyten Antwort gegeben:

Da der König die ganze Oesterreichische Ansprache für ungültig erkläre; so könne die K. Königin sich in keine weitere Erörterung ihrer Rechte einlassen, vil weniger die Sachen wieder in den alten Stand stellen: Indessen solle allen Erbschafftsprätendenten Recht widerfahren, und nichts denen Reichsgesezen widriges vorgenommen werden: Der König hingegen seye auf keinerley Weise befugt, sich zum Richter oder Vormund seiner Mitstände aufzuwerffen, oder sie an Reichsgesezmäßigen Erwerbungen zu hindern: Wollte man aber solches doch thun, würde die K. Königin einer Aidfridbrüchigen Gewalt alle mögliche Gegenwalt entgegen sezen, auch dem nächsten Mitstand, der sich in gleichem Fall befinden würde, ebenfalls den Krieg ankündigen; da Sie übrigens gerne die gemeine Ruhe und das gute Vernehmen mit Preussen erhalten sehen möchte.

Preuß. Exposé, Beyl. 5. S. 12.

Uebrigens behauptet Preussen: Dise Antwort seye hart, unfreundlich, ungegründet, und einer Kriegserklärung nicht unähnlich gewesen.

Exposé, S. 6.

§. 51.

Oesterreichische Antwort an Pfalz-Zweybrücken.

Den 3. Apr. antwortete die Kayserin-Königin dem Herzogen von Zweybrücken in einem Handschreiben: Da der Churfürst zu Pfalz, als Haupt seines Hauses, für sich, auch seine Erben und Nachfolgere an der Chur, nach vorher davon genommener genüglicher Einsicht, ihre Ansprüche als rechtsbeständig erkannt habe; so seye Ihro nicht zuzumuthen, sich mit dem Herzog in eine weitere Aufklärung ihrer

Rechts-

Rechtsgründe, und noch weniger in eine besondere Behandlung, einzulassen; da die wirkliche Succeßion ihme noch nicht angefallen seye: Er möchte also bey Chur-Pfalz die Gründe, welche dasselbe zu einer gütlichen Uebereinkunfft bewogen haben, einsehen: Wann er aber für seine Person, oder in Zukunfft, denen Oesterreichischen Gerechtsamen etwas entgegen zu sezen habe, werde sie ihme auf alle in Reichsgesezmäßigen Wegen anzubringende Vorstellungen Red und Antwort geben lassen.

s. Pfalz-Zweybr. Vorleg. Urkund. 13. S. 27.

§. 52.

Kayserliche Antwort an Pfalz-Zweybrücken.

Den 4. Apr. 1778. aber rescribirten Ihro Kayserliche Maj. an den Herzog von Zweybrücken: Der Herzog werde sich durch der Kays. Königin ihme ertheilte Antwort überzeugt und beruhiget finden: Wann auch der Herzog wegen der Reichslehen weitere erweisliche Vorstellungen thun werde, solle er genüglich angehöret werden, und ihme unpartheyisches Recht angedeyhen.

s. Allda Urk. 12. S. 15.

§. 53.

Oesterreichische Gegenerklärung bey dem Reichstag.

Den 10. Apr. äusserte sich die Oesterreichische Gesandtschafft bey der Reichsversammlung auf den Preußischen Vorgang vom 16. Mart.: Oesterreich glaube, eine unstreitige Ansprach an einen Theil der Bayrischen Succeßion zu haben. Selbige geltend zu machen, gebe es den Weg der Güte oder des Rechtens: Oesterreich habe den ersten erwählt, und sich mit Chur-Pfalz verglichen. Nun trette Preussen als Kläger und Richter auf, erkläre die Convention für unkräfftig und die Oesterreichische Ansprüche für ungültig: Oesterreich habe aber deren Rechtsbestand bereits dargethan, und hoffe, man werde mit deren Beurtheilung biß zu einer vollständigen Kenntniß der Sache innehalten. Keinem Reichsstand könne das Recht streitig gemacht werden, sich mit einem Mitstand über Ansprüchen zu vergleichen, und kein Dritter, den solche nichts angehen, könne darinn widersprechen: Oesterreich habe also bloß aus Freundschafft, und nicht aus Schuldigkeit, Preussen seine Zweifel zu benehmen gesucht, werde aber dessen Machtspruch sich nicht unterwerffen, folglich auch nicht alles wieder in den vorigen Stand stellen. Ein solches Ansinnen seye allen anderen Reichsständen eben so wohl nachtheilig. Wer durch den getroffenen Vergleich sich verkürzet zu seyn glaube, dem stehe der Weg des Rechtens offen; namentlich auch Pfalz-Zweybrücken und Chur-Sachsen. Preussen werde es hoffentlich dabey bewenden lassen, und die Sache nicht auf eine solche Art entscheiden wollen, wobey alle Reichsverfassung, Sicherheit und das Gleichgewicht im Reich, mit einmal aufgehoben würde.

Pf. Zweybr. Vorleg. Urk. 17. S. 36.

Dise Gegenerklärung wurde auch zugleich gedruckt.

Preussen sagt: Man seye darinn weder auf den Grund der Sache hineingegangen, und habe etwas auf die gemachte Einwürffe geantwortet, noch auch die Oesterreichische Maaßregeln und Ansprüche gerechtfertiget, sondern solches auf ein unbestimmtes Gutfinden ausgesezt, hergegen sich desto mehr bemühet, den König mit unverdienten und anzüglichen Vorwürffen zu beladen, und allgemeine Säze aufzustellen, welche theils sehr leicht bestritten, theils auch angenommen und gegen den Wiener-Hof umgekehrt werden könnten: Es würde aber nur ein bloß zur Verwirrung der Hauptsache dienender Wortstreit daraus entstehen. Genug: 1. Oesterreich habe sich nur mit einem einigen, darzu nicht befugten, Theil verglichen, 2. seine Rechte auf eine der Reichsverfassung gemässe Art nicht geltend gemacht, 3. seine Erklärungen und die That stimmeten nicht mit einander überein, und 4. der König seye bey diser Succeßionssache mehr, als Oesterreich, intereßirt.

Exposé, S. 7.

Derer wider und für dise Aeusserung erschienenen Schrifften will ich nicht gedencken, weil kein Hof oder Gesandtschafft Theil daran hat nehmen wollen.

s. Staatsbegeb. 1778. S. 745. 870. u. f.

§. 54.
Chur-Pfälzische Vorstellung an Oesterreich.

Den 11. Apr. liesse Chur-Pfalz dem Oesterreichischen Minister F. von Lehrbach vorstellen:

Man sehe der Zuruckgabe der zu vil occupirten 21. Aemter um so mehr entgegen, weil sonst mit Ausdehnung des Straubingischen Antheils in die disseitige Churlande immer weiter fürgeschritten werden

Dörff-

dörffte, da erst kürzlich der Churfürstliche Beamte in Obernberg in Oesterreichische Pflichten, und über 300. Höfe, theils im Pfleggericht Uttendorff, theils im Landgericht Ried, samt der Hofmarck St. Martin in Besitz seyen genommen worden, welches der Convention vom 3. Jan. offenbar entgegen stehe:

Ingleichem möchte der Kayserliche Lehenbrieff von 1426. vorgelegt werden, damit auch die Beschaffenheit der übrigen im Theilbrieff enthaltenen Ortschafften mit Grund erörtert werden könne.

Staatsbegeb. 1778. S. 543.

§. 55.

Weitere Streitigkeiten zwischen Oesterreich und Pfalz.

Oesterreich und Chur-Pfalz bekamen ferner Streit:

1. Wegen gewisser Bezirke im Leuchtenbergischen, ob solche Reichs- oder Oberpfälzische Lehen seyen;
2. Wegen der Grafschafft Hohenwaldeck und dem Pfleggericht Mießbach;
3. Wegen der Grafschafft Hals;
4. Wegen der Grafschafft Schwabeck.

Bey welchen ich mich aber hier nicht aufhalten kan.

Staatsbegeb. 1778. S. 659. u. f.

§. 56.

Handlung zwischen Chur-Pfalz und Pf. Zweybrücken.

Der Chur-Pfälzische Minister, Freyherr von Vieregg, gabe dem Pfalz-Zweybrückischen Minister an dem Chur-Pfälzischen Hof, von Hofenfels, Namens des Churfürstens, zu erkennen: Der Kayserliche Hof verlange eine Erläuterung über das Verhältniß zwischen dem König in Preussen und dem Herzog in der Bayrischen Erbfolgs-Angelegenheit.

Auf erhaltenen Befehl von seinem Hof, antwortete der Gesandte den 12. Apr.: Der Herzog hätte verhofft, daß man ihme forderist, (verschidentlich versprochener massen,) die Urkunden mittheilen würde, auf welche sich die Oesterreichische Ansprüche gründeten: Indessen könne er so vil melden: Der König in Preussen habe dem Herzog zu erkennen gegeben, daß es der Klugheit gemäß seyn würde, ohne die Beystimmung des Französischen Hofes, und ohne vorher die Rechte derje-

 nigen,

nigen, welche auf dise Erbschafft Anspruch machen könnten, mit dem Beyfall der Mächte, die, nach der Teutschen Reichsverfassung und mit Einwilligung der Reichsstände, einen starcken Einfluß dabey haben könnten, reifflich erwogen zu haben, keinen entscheidenden Schritt in diser delicaten Sache zu thun, und daß der Herzog diserhalb die ehrerbietigste Maaßreglen gegen die K. Königin nehmen möchte. Der Herzog habe disen Rath seinen Pflichten, als Mitglid des Reichs, als Prinz von Pfalz, und dem, was er sich selbsten schuldig seye, so vollkommen gemäß gefunden, daß er keinen Anstand genommen habe, selbige zu befolgen, und es so wohl dem Reichsconvent, als dem Kays. Königlichen Hofe, zu erkennen gegeben. Die Großmuth, womit der König in Preussen dise Schritte unterstüzte, hätten dem Herzog das Vertrauen eingeflösset, welches von jenen Maaßregeln die nothwendige Folge gewesen seye. Der Herzog zweifle nicht, die Garants des Westphälischen Fridens würden es billigen, und besonders Frankreich, als Oesterreichischer Alliirter, sich verwenden, damit dise Sache wieder in eine dem Interesse des Pfälzischen Hauses gemässe Lage gebracht werden möge.

Preuß. abgen. Anzeig. S. 17. u. f.

§. 57.

Correspondenz zwischen dem Kayser und König in Preussen.

Als indessen beede Armeen ins Feld rückten, und des Kaysers Maj. in Böhmen angelangt waren, schrieben Sie den 13. Apr. eigenhändig an den König in Preussen, und übersandten Ihme einen Entwurff einer Vergleichsconvention.

Der Briefwechsel dauerte biß den 21. Apr. und das Ende davon ware: Der K. Königliche Gesandte zu Berlin, Graf von Cobenzel, sollte mit denen Preußischen Ministern von den auswärtigen Geschäfften in Conferenz tretten.

Preuß. Exposé &c. p. 7.

§. 58.

Preußische dritte Vorstellung in Wien.

Den 22. Apr. stellte der Preußische Gesandte zu Wien zum drittenmahl vor:

Die lezte Antwort scheine alle Unterhandlungen abbrechen zu wollen: Der König gebe aber doch noch einmal zu erwägen, daß sein Ansin-

Anfangs einer solchen Verfassung, wie des Teutschen Reichs, gemäß seye. Man habe auf des Königs Gründe nichts geantwortet, und blosse Versicherungen gegeben, mit denen es aber nicht ausgerichtet seye, sondern die Wege eingeschlagen werden müßten, welche zu deren Erfüllung leiteten. Der König verlange keinen Richter noch Vormund abzugeben; seye aber, besonders als Churfürst, befugt, sich allen Reichswidrigen Gewalthätigkeiten zu widersezen, und von den Interessenten ersucht, es zu thun; zumalen da der Kayser seines Hauses Parthie nehme, und man in so langen Zeiten nicht einmal einen Anfang gemacht habe, dise wichtige Erbfolgsache, auf dem Reichstag, oder auf andere gesezmäßige Weise, zu berichtigen. Die Kayserliche M. Maj. würden wissen, was dises willkührliche Verfahren in ganz Teutschland, ja in ganz Europa, für ein Aufsehen verursache, und sich über die Mittel herauslassen, wie man aus der Sache kommen könne: Wann selbige hinreichend seyen, das Gleichgewicht im Reich und die Interessenten bey diser Erbfolge sicher zu stellen, wolle der König zeigen, wie sehr Ihm die gemeine Ruhe und das gute Vernehmen zwischen beeden Höfen am Herzen lige.

§. 59.
Kaunizisches Schreiben an den K. Königlichen Gesandten zu Berlin.

Hingegen ertheilte der Oesterreichische Hofcanzler, Fürst von Kauniz, den 24. Apr. dem K. Königlichen Gesandten zu Berlin, Grafen von Cobenzel, Nachricht von dem bißherigen Verlauff der Sache, mit dem weiteren Vermelden: Vor allem seye ohnumgänglich nothwendig, 1. daß sich jeder der beyden Höfe in des andern Stelle unpartheyisch seze; 2. daß er dasjenige, was er in des andern Stelle mit seinem Ansehen und mit seiner Ehre ganz unvereinbarlich finden würde, von dem andern gleichfalls nicht fordere; 3. daß sich keiner der bekannten Rechtsregel entziehe, das nemliche Recht auch für und gegen sich selbst zu erkennen, und gelten zu lassen, was er fordere, daß es der andere für und gegen sich selbsten erkennen und gelten lassen solle.

Solchemnach ziehe der Wienerische Hof zuforderist in Betrachtung, daß der König in Preussen sich nun einmal öffentlich für Chur-Sachsen und für den Herzog von Zweybrücken angenommen habe, daß folglich mit seinem Ansehen und Ehre keineswegs vereinbarlich seye,

 dise

dise öffentliche Schritte so schlechterdings zurück zu ziehen, und sie ohne alle Würkung zu lassen: Hingegen habe der König zu gleicher Zeit zu betrachten, daß die K. Königin ganz unstreitige Rechte auf einen Theil der Bayrischen Succeßion zu haben glaube, daß Sie mit dem Churfürsten zu Pfalz eine förmliche Convention geschlossen habe, und, schliessen zu können, sich allerdings berechtiget vermeine, daß Sie alles dises nicht nur öffentlich erklärt, sondern auch die Ihro, vermöge Ihrer Ansprüche und der Convention, zugefallene Landesdistricte in förmlichen Besiz genommen habe; daß folglich mit Ihrem Ansehen und Ehre keineswegs vereinbarlich seye, dise öffentliche Schritte so schlechterdings zurück zu ziehen, und sie ohne alle Wirckung zu lassen. Man ziehe zu Wien ferner in Betrachtung, daß der König in Preussen seiner politischen Convenienz nicht gemäß finde und finden könne, daß sich das Erzhaus vergrössere, ohne daß Er gleichfalls für Sich einen Vortheil erhalte: In diser politischen Convenienz erkenne man den Ursprung, die Veranlassung und die Haupttriebfeder aller bißherigen Widersprüche und Gegenbearbeitungen: Oesterreich könne aber seiner politischen Convenienz eben so wenig gemäß finden, daß Sich der König durch einen neuen Zuwachs vergrössere, ohne daß Oesterreich für Sich gleichfalls einen Vortheil erhalte: Und dise politische Convenienz zeige zum Voraus den Ursprung, die Veranlassung und die Haupttriebfeder aller jener Widersprüche, die Oesterreich von nun an gegen die Vereinigung der Anspach- und der Bayreuthischen Lande mit der Preußischen Primogenitur anwenden werde und müsse: Und die Rechtsgründe dises Widerspruchs seyen ihme, Gesandten, bereits mitgetheilet worden. Er solle demnach den ihme zugeschickten Entwurff einer Convention übergeben, und dagegen verlangen, daß man sich ebenfalls umständlich darauf äussere. Es werde doch das Verhängniß nicht unvermeidlich seyn, daß sich zwey Höfe, die (freundschafftlich vereiniget,) die erste Rolle spilen könnten, einander aufreiben müssen, um so dann von der Dictatur eines Dritten oder Vierten lediglich abzuhangen!

Preuß. Beantw. der Oest. Hauptschr. S. 189.

Was Preussen für Anmerckungen über dises Schreiben gemacht habe, sehe man Cap. 5.

§. 60.

Pf. Zweybrückische Vorstellung an Chur-Pfalz.

Den

Den 26. Apr. 1778. liesse der Herzog von Pfalz-Zweybrücken dem Churfürsten zu Pfalz vorstellen: Die Churfürsten von Pfalz hätten in denen das ganze Haus intereßirenden Angelegenheiten niemalen etwas für sich allein gethan, sondern die Verträge welche das ganze Haus zu allen Zeiten und unter allen Umständen verbinden sollten, mit allerseitiger Bewilligung geschlossen: Da nun in der Convention mit Oesterreich von keinem actu regiminali die Rede seye; sondern von Veräusserung des ansehnlichsten Theils der Bayrischen Lande, zu welchen alle Pfalzgrafen ein angebohrenes Recht haben; als bitte er, (der Kays. Königin Anweisung zu Folge,) um Mittheilung der in Frage stehenden Urkunden.

f. Pfalz-Zweybr. Vorleg. Urkund. 14. S. 200.

§. 61.

Oesterreichische Antwort an Chur-Pfalz.

Den 27. Apr. antwortete der Oesterreichische Minister auf die Chur-Pfälzische Vorstellung vom 16den: Die Zumuthung wegen Zurückgabe gewisser Ortschafften müsse aus einem Mißverstand herrühren, und man könne nicht begreiffen, in welcher Absicht man Pfälzischer Seits die Vorlegung der K. Sigismundischen Urkunden fordere, auch den Beweis wegen der Gränzen mit dem Theilungsbrief von 1353. führen wolle. Die entstandene Zweifel beträffen nicht den Ort, sondern den Verstand des in dem Theilbrieff bey jeden Ort vorkommenden Beysazes: „Und was darzu gehört." Vermög der Convention müsse Chur-Pfalz also beweisen, daß diser oder jener Bezirck zur Zeit Herzog Johanns nicht zu seinem-sondern zu anderer Herzoge von Bayern-Antheil gehöret habe. Biß dahin halte man sich, vermöge diser Worte, und der bey einer jeden schicklichen Theilung nothwendigen Arrondirung, berechtiget, in dem Besiz der bißher eingezogenen Bezircke zu verbleiben; wo hingegen man, so weit dise Beweise langen würden, sich der billigen Zurückgabe zu fügen, keinen Anstand nehmen werde.

§. 62.

Deren Folgen.

Der Churfürst liesse darauf der von Ihme in diser Theilungssache nidergesezten Commißion durch den Grafen von Seinsheim mündlich eröffnen: Er seye vorläuffig entschlossen, dem Oesterreichischen Ansinnen statt zu geben.

Die

Die Commißion aber stellte dem Churfürsten vor: Die Zumuthung eines mehreren Beweises, als der Theilbrief von 1353. enthalte, seye 1. überflüßig, 2. in der Folge schädlich und 3. unmöglich. Aus der Convention folgt, daß der Churfürst (die in dem Theilbrief von 1353. benahmste Orte ausgenommen,) Herzog von ganz Ober- und Nider-Bayern seye; also alle Vermuthung eines rechtmäßigen Besizes für sich habe, dessen nicht entsezet- noch zu einem negativen Beweis, daß sie nicht zum Straubingischen Antheil gehöre, angehalten werden könne; sondern eine solche Zumuthung seye ein Bruch der Convention. Man wende zwar ein, daß die local-Situation der von Oesterreich weggenommenen Orte die Vermuthung mache, daß sie zu denen im Theilbrief benahmsten Districten gehören: Es seye aber nicht erwiesen, daß die Gränzen derselben sich seit 1353. verändert haben, sondern allen Rechten nach zu vermuthen, daß sie noch eben dieselbe seyen: Wann also Oesterreich die Convention dadurch breche, seye der Churfürst auch nicht daran verbunden. Ferner habe dise Zumuthung die gefährlichste Folgen: Denn dadurch werde 1. der gröste Vortheil des 5ten Articuls der Convention fruchtlos; 2. der Churfürst werde nicht als ein rechtmäßiger Innhaber von Bayern behandelt, sondern als ein Prätendent, der seine Gerechtsame erst Schritt vor Schritt erweisen müsse; 3. unter disem Vorwand einer local-Situation könnte Oesterreich seinen Besiz nach Willkühr immer weiter ausdehnen; 4. man gerathe dadurch in unnöthige Dispüten, confundire das liquide mit dem illiquiden, und so könnten dise 21. Aemter noch lang vorenthalten werden; auch 5. aus angeblich- oder würklichem Mangel des Beweises, mehreres verlohren gehen: Dann nach 425. Jahren, aus Registern, Protocollen und Urkunden, die Gränzen und Zugehörungen zu beweisen, seye platterdings unmöglich, 1) wegen Zerstreuung der Urkunden, 2) wegen deren Mangels; da zu der Zeit, als eine Kayserliche Administration in Bayern gewesen, eine Menge derselben, besonders von jenen, so einen Bezug auf die Oesterreichische Erblande gehabt, theils aus den Archiv-Tomis, (die man sogleich vorlegen könne,) ausgeschnitten, theils nach Wien geschickt, oder denen Oesterreichischen Cavaliers, die man damals in Bayern eingesezet, (nach Ausweis derselben noch vorhandenen Scheine,) haben ausgelifert werden müssen. Die Commißion wolle sich

also

also hiedurch für allezeit ausser Verantwortung sezen, und sich schriftlichen Befehl erbitten.

In einem PS. aber meldete die Commißion: Währender Entwerffung diser Vorstellung habe sie des Kayserlichen Ministers pro memoria und den Churfürstlichen schrifftlichen Befehl erhalten: Deme gemäß ertheilten sie einsweilen einige Erläuterungen wegen der Gerichte Cham, Eschelkam, Közing, Furt, Neukirchen, und des Landgerichts Schärding: Was aber die weitere Beweisführung über die 21. Aemter, (worzu nun auch das Gericht Winzer komme,) betreffe, müßte sich die Commißion um so mehr auf obige Vorstellung beziehen, als Oesterreich nun nur noch Beweise über disen oder jenen Bezirck, welcher heut ein Appertinenz eines im Theilbrief benannten Orts ausmache, fordere. Hingegen wolle man den Besiz der Orte behaupten, ohne welche die Heerstrase nicht bestehen könne: Es seye aber in der Convention kein Wort von einer Heerstrase, und nicht zu glauben, daß der Churfürst, nach einem ohnehin schon gemachten so grossen Opfer, die Errichtung eines Chemin militaire durch die Mitte des Landes, aus blosser einseitiger Convenienz, oder eine sogenannte Arrondirung, jemals gestatten werde. Da endlich die Vorlegung K. Sigmunds Lehenbriefs rund abgeschlagen worden seye, weil dermalen über die Gültigkeit des Anspruchs kein Zweifel vorhanden seye; so werde die Commißion eben durch dise Zurückhaltung in ihren Zweifeln nur mehrers bestärckt, und der Churfürst seye ebenfalls unverbunden, mehrere Urkunden zu ediren.

Staatsbegeb. 1778. S. 851. u. f.

Es kame auch heraus:

Beweis, daß die von den Kayserlich-Königl. Truppen im Monat Jänner 1778. in der obern Pfalz occupirten sämtlichen Ortschaften, Pflegämter und Districte, samt der Grafschaft Cham, niemals unter die Verlassenschaft des lezten Herzogs Johann zu Straubingen gehörig gewesen. 1778. 4.

Dise Aemter und Districte (allein das Pflegamt Wetterfeld ausgenommen,) waren nicht mit unter den 21. von Chur-Pfalz zurückgeforderten Aemtern.

Staatsbegeb. 1778. S. 915.

Oesterreich sagt aber: Das Bayrische Ministerium seye von

dem Churfürsten nicht beordert gewesen, die Gültigkeit des zwischen denen beyden Höfen geschlossenen Vergleichs zu untersuchen, sondern nur mit dem K. Königlichen Commissario, Freyherrn von Lehrbach, die Gränzberichtigung des Straubingischen Antheils vorzunehmen; dahero man die eigenmächtig anverlangte Vorlegung der gedachten Urkunden aus der Ursache verweigert habe, weil solche in den Handen des Churfürstens ohnehin befindlich gewesen, und mit dem Gränzberichtigungsgeschäfte nicht den geringsten Zusammenhang gehabt habe.

Oesterr. Gerechts. S. 150.

Ferner meldet Oesterreich: Das Bayrische Ministerium habe zwar gesagt: Es seyen 21. Gerichte über den Straubingischen Antheil eingenommen worden; es habe es aber, nach der Vorschrifft der Convention, mit keinem einzigen documentirten Beweise dargethan.

Oest. Gerechts. S. 160.

Preussen antwortet: Dem K. Königlichen Gesandten seye der original-Theilbrieff vorgelegt, und daraus dargethan worden, daß dise 21. Gerichte nicht in dem Straubingischen Theil begriffen seyen; wann dises nicht erwisen heisse, so seye nicht abzusehen, was der Wiener Hof für Beweise haben wolle, und man könne daraus urtheilen und vorhersehen, was man für Beweise in der Hauptsache und in dem Zweybrücken so offt angetragenen Entscheidungswege fordern würde, und was für eine Gerechtigkeit diser Fürst sich von einem Richter, der es gerne in seiner eigenen Sache seyn möchte, zu versprechen habe.

§. 63.

Oesterreichischer erster Vorschlag zu Berlin.

Den 1. Maj. 1778. übergabe der Graf von Cobenzel in einer Conferenz mit denen Preußischen Ministern zu Berlin einen Vergleichsplan; welcher dahin gienge: 1. Der König solle die Gültigkeit der Convention vom 3. Jan. und den rechtmäßigen Besiz der vermöge derselben eingenommenen Districte erkennen, 2. den Tausch, welchen Oesterreich mit Chur-Pfalz über ganz Bayern, oder über einige Theile davon, treffen möchte, ruhig geschehen lassen. 3. Dagegen wolle Oesterreich die Gültigkeit der künfftigen Vereinigung der Länder Anspach

und

und Bayreuth mit der Chur-Linie erkennen, und 4. den Tausch, welchen der König in Ansehung diser Länder treffen möchte, geschehen lassen; doch, daß die künfftige Erwerbungen nicht unmittelbar an die jezige Oesterreichische Staaten gränzen.

Preuß. Exposé &c. p. 8. Oester. Gerechts. S. 62.

Preussen behauptet: Diser Vorschlag seye wider die Gerechtigkeit und Billigkeit: Man biete 1. einen Kauff und Tausch über eine Oesterreich fremde, und eine Brandenburg eigenthümliche Erbschafft an. 2. Oesterreich biete seine nicht erforderliche Einwilligung zur Erbfolge der Churlinie in die Marckgrafthümer an, und verlange dagegen die Einwilligung zur Erwerbung von halb oder ganz Bayern. 3. Oesterreich wolle sich einer ungewissen, mäßigen und unstreitigen Brandenburgischen Erbschafft nicht widersezen, und dagegen, ohne das geringste Recht, das wichtigste Herzogthum im ganzen Reich an sich ziehen.

§. 64.

Schwedische Antwort an Pfalz-Zweybrücken.

Der König in Schweden antwortete den 1. Maj. dem Herzogen von Pfalz-Zweybrücken: Er hoffe, der Kayser und Chur-Pfalz würden in gutem so billige Maaßreglen nehmen, daß es der Erfüllung der Ihme obligenden Pflicht eines Garants des Westphälischen Fridens nicht bedörffen werde; deren Er Sich jedoch, wann die Freyheit und Gerechtsame des Röm. Reichs, oder desselben Mitglider in Gefahr seyn sollte, nicht entziehen werde.

Staatsbegeb. 1778. S. 670.

§. 65.

Oesterreichische dritte Antwort an Preussen.

Den 7. Maj. 1778. erklärte Sich der K. Königliche Hof zu Wien auf die Preußische Vorstellung vom 22. Apr. Die K. Königin seye zu allen Mitteln bereit, welche ihrer Würde und Gerechtsamen nicht nachtheilig seyen: Chur-Pfalz seye mit der Convention zufriden; habe Chur-Sachsen eine Ansprach an ein Stuck des dadurch an Oesterreich gekommenen Theils von Bayern, solle es Genugthuung erhalten; Mecklenburg fordere nichts an die K. Königin; und der Herzog von Zweybrücken habe, so lang die Sulzbachische Linie noch stehe, kein würkliches Recht an Bayern: Sie fordere aber denselben dennoch auf, seine Beschwerden und Rechte auf eine Reichsgesezmäßige

 Weise

Weise vorzulegen, damit die beederseitige Ansprüche zumal entschiden und die Vollstreckung des Urtheils dem Kayser und Reich aufgetragen, allenfalls auch selbige von allen darum ersuchten auswärtigen Mächten garantirt werden könne. Hiedurch seye der Weg zu Beylegung diser Sache, und zu Vereinigung der bisherigen verschidenen Meinungen darüber, eröffnet.

Diser Erklärung ware eine Analyse, oder ausführlichere Antwort und Prüfung der Preußischen Vorstellungen vom 9ten Mart. und 22. Apr. beygefügt.

Preussen sagt: Ein jeder Unpartheyischer werde erkennen, daß dise allgemeine Aeusserungen, und das Beruffen auf eine rechtliche Entscheidung, der Hauptbeschwerde gegen den K. Königlichen Hof nicht abhelfen, so lang er den eigenmächtigen Besiz des streitigen Gegenstandes behaupte, und so lang nicht auf eine zu Recht beständige Art ausgemacht seye, von welchen unpartheyischen Richtern dise wichtige Streitigkeit zwischen der Kays. Königin, Pfalz-Zweybrücken und Chur-Sachsen zu untersuchen und zu entscheiden seye; indem der K. Kayser in seiner eigenen Sache nicht Richter seyn könne.

Exposé S. 6.

§. 66.

Preußische erste Antwort zu Berlin.

Eben den 7. Maj. antworteten die Preußische Ministers zu Berlin auf den Antrag vom 1. Maj.: Der König glaube, die angeführte Grundsäze seyen auf den gegenwärtigen Fall nicht anwendbar; da seine Hauptabsicht seye, eine billige Auskunft wegen der Bayrischen Erbfolge zu Stande zu bringen. Die gethane Vorschläge beträfen zum Theil fremde Sachen, und zeigten keine Mittel an, Pfalz, Chur-Sachsen, und andere Interessenten, zu befriedigen. Da Oesterreich in dem Besiz der streitigen Lande seye; so seye es auch am besten und allein im Stand, Vorschläge zu thun, wie Pfalz und Sachsen befriediget werden könnten; da Pfalz Sachsen nicht abfinden könne, wann es nicht darzu in den Stand gesezet werde: Auf dise Puncten erwarte man also hinlängliche Vorschläge.

Preuß. Beantw. S. 191.

§. 67.

§. 67.
Weitere Conferenzhandlungen.

Bey eben diser Conferenz vom 7. Maj. erklärte der Graf von Cobenzel: Um Chur-Sachsen und den Herzog von Zweybrücken zu befridigen, wolle die K. Königin 1. ihrem Rückgangsrecht auf die Bayrische Allodialerbschafft entsagen, und 2. dem Hause Pfalz die Böhmische Lehen in der oberen Pfalz auf die nemliche Art wieder eingestehen, wie sie der verstorbene Churfürst von Bayern besessen habe: Welchen Vorschlag aber die Preußische Ministers, als ganz unzulänglich, verwarffen.

Dagegen schlugen die Preußischen Ministers mündlich vor: Es wäre möglich, die Sache damit auszugleichen, daß man Chur-Pfalz einen solchen Theil von Bayern zurückstellete, wodurch die Oesterreichische Gränzen von Regensburg, dem Siz des Reichstages, entfernet würden; für das aber Chur-Pfalz ein billiges Aequivalent gäbe: So wäre Chur-Pfalz im Stand, Chur-Sachsen wegen seiner Forderungen zu befridigen; welche auch, (nach einem noch rohen Gedancken,) durch irgend ein Reichslehen, und die Begebung der Böhmischen Lehenrechte über einige Bezircke in Sachsen, abgethan werden könnten.

Oesterr. Hauptschr. und deren Preuß. Beantw. S. 66. u. f.

§. 68.
Dänische Antwort an Pfalz-Zweybrücken.

Den 8. Maj. 1778. antwortete der König in Dänemarck dem Herzog von Pfalz-Zweybrücken: Seine Bekümmerniß über dise weit aussehende Ereignisse seye um so grösser, je mehr ihme die Erhaltung der Ruhe in Teutschland und die Handhabung dessen Grundverfassung angelegen seye; er habe dahero seinen Comitialgesandten mit den erforderlichen, lediglich auf die Aufrechterhaltung gedachter Reichsverfassung und des wahren Sinnes der Grundgeseze desselben abzweckenden, Befehlen versehen; mit dem Wunsch, dadurch in der Zeit, wann des Herzogs Rechte eintretten und erörtert werden, die Erfüllung seines Begehrens befördert zu sehen.

Staatsbegeb. 1778. S. 862.

§. 69.
Pfalz-Zweybrückische Erklärung gegen Chur-Sachsen.

Den 16. Maj. 1778. liesse der Herzog von Pfalz-Zweybrücken die Chur-Sächsische Erklärung vom 31. Mart. wegen der Allodialerbschafft mit dem Anhang beantworten, daß er auch seines Theils zu einer gütlichen Auskunft in der Hauptsache sich werde bereit finden lassen.
f. Pf. Zweybr. Vorleg. Urkund. 64. S. 212.

§. 70.
Preußischer Vergleichsplan.

Den 20. Maj. übergaben die Preußische Ministers dem Grafen von Tobenzel zu Berlin einen Entwurff einer allgemeinen Auskunft über die Bayrische Erbfolge, welcher zur Grundlage eines Tractats dienen könnte, folgenden Innhalts:

1. Die Kayserin-Königin solle, mit Einwilligung des Pfälzischen Hauses, des Churfürstens von Sachsen, und des Reichs, welche man zu erwürcken trachten wird, zum Besiz desjenigen Theils von Bayern gelangen, der zwischen dem Bißthum Paßau, Böhmen, der Donau, den Regen- und Cham-Flüssen, biß an die Böhmische Gebürge, gelegen ist; dergestalt, daß die genannte drey Flüsse die Gränze abgäben, und auf der Seite von Regensburg ein kleiner Strich übrig bliebe, um andurch diser Statt und dem Reichstag mehrere Freyheit zu verschaffen. Gleichfalls sollte die K. Königin den Bezirck von Burghausen, welcher zwischen Oesterreich und dem Inn ligt, bekommen, solchergestalt, daß die Gränzen von Paßau längst dem Inn, biß an dem Einfluß der Salza, und von dannen längst der Salza biß an die Gränze des Erzbißthums Salzburg gegen Wildshut lauffen sollen. Die K. Königin wird dem Churfürsten zu Pfalz alles in Bayern über die genannte Bezirke in Besiz genommene wieder zurückstellen. Vermittelst dises Austausches, (welcher einigermassen mit der in der Convention vom 3. Jan. getroffenen Vorsehung übereinkommt,) wird Dieselbe ihre Böhmische und Oesterreichische Staaten durch den Zuwachs zweyer schönen Provinzen vergrössern, und die Flüsse Donau, Regen, Inn und Salza, zu natürlichen Gränzen ihrer Länder bekommen. Auf der andern Seite wird dises Auskunftsmittel verhindern, daß der Bayrische Staatscörper nicht zerstückt, und durch die Mitte getrennet werde.

2.

2. Damit das Pfälzische Haus wegen eines so grossen Verlusts einigermassen schadlos gehalten werde, wird die K. Königin ihm die zwey kleine an Jülich gränzende Herzogthümer Limburg und Geldern abtretten.

3. Der Kayser könnte die eröffnete Reichslehen, welche in Bayern ligen, dem Churfürsten zu Pfalz, jene aber, die in Schwaben befindlich sind, samt den Herrschafften Mindelheim und Wisensteig, dem Churfürsten zu Sachsen verleihen; es könnten auch Austausche hierüber verabredet werden, um andurch die Befriedigung, welche disem Fürsten für seine Allodialansprüche gebühret, zu erleichtern.

4. Da der Churfürst von Pfalz nach der Gerechtigkeit verpflichtet ist, den Churfürsten zu Sachsen über seine an die Allodialverlassenschafft habende Forderungen zu befriedigen, und derselbe dafür, obgedachter massen, entschädiget worden wäre; so könnte ersterer dem Churfürsten zu Sachsen einen an die Marckgrafschafft Bayreuth gränzenden Theil der Oberpfalz solchergestalt abtretten, als man darüber in der Folge der Unterhandlung eins werden würde. Auch wäre billig, daß er dem Allodialerben die hinterlassene bewegliche Verlassenschafft in natura übergebe, und ihn auch durch eine verhältnißmässige Summ Geldes zu befridigen suche.

5. Um alle dise Ausgleichungsmittel zu erleichtern, würde die K. Königin denen lehensherrlichen und anderen geringfügigen Rechten entsagen, welche Böhmen auf einige Bezircke in der obern Pfalz, in Sachsen und im Bayreuthischen zustehen; da zumalen dieselbige an sich von geringer Erheblichkeit sind, und nur zu Streitigkeiten Anlaß geben.

6. Der Kayser und die K. Königin werden Sich der Vereinigung der Anspach- und Bayreuthischen Lande mit der Chur-Brandenburgischen Primogenitur niemalen im geringsten widersezen: Und wann der König in Preussen und Chur-Sachsen sich über einen Austausch der Anspach- und Bayreuthischen Lande gegen die Ober- und Nider-Lausniz, und einige andere Bezirke, ihrer Anständigkeit gemäß, vergleichen sollten; so werden Sie Sich nicht im geringsten dagegen sezen; sondern vilmehr auf jene Lehensherrliche- Rückfalls- und sonstige Rechte, welche Denselben entweder auf die ganze Lausiz, oder auf

einige

einige Stücke dises Landes, zustehen könnten, solchergestalt Verzicht leisten, daß der König, auch dessen Erben und Nachfolgere, einen von allen darauf haftenden Ansprüchen des Hauses Oesterreich ganz freyen Besiz dises Landes überkommen.

Oest. Gerecht. S. 86. Preuß. Exposé, S. 9.

Preussen sagt: Man überlasse es dem Urtheil eines jeden Unpartheyischen: Ob diser Entwurf nicht schicklich gewesen wäre, um das Interesse der verschidenen Parthien bey der Bayrischen Erbfolge zu vereinigen, und ob man, mit Beobachtung einiger Billigkeit und Mässigung, etwas vortheilhafteres für den Wiener Hof hätte erdenken können, als dadurch, daß man ihm, (ohnerachtet er mit Recht gar nichts zu fordern gehabt habe,) einen ruhigen und anerkannten Besiz von zwey grossen Bezircken verschaffen wollen, durch welche Böhmen und Oesterreich so vortheilhaft erweitert, und durch Ströhme begränzet würden, und daß man dagegen kein anderes Aequivalent verlangt, als zween mit den abzutrettenden in keine Vergleichung kommende kleine Bezircke, welche von dem Oesterreichischen Staatscörper ganz abgeschnitten seyen, und einige ganz unwichtige Lehen, die nichts einbringen, und zu nichts dienen, als mit den Nachbarn öftere Irrungen zu erregen?

Exposé, S. 9.

In der Preußischen Beantwortung der Wienerischen Hauptschrifft sucht man ferner S. 71. u. f. disen Plan von Articuln zu Articuln zu rechtfertigen; mit aus dem Grund, weil, ausser Chur-Sachsen, Niemand sich der Sache habe annehmen wollen; Limburg und Geldern tragen (nach der mündlichen Aeusserung des von Thugut,) jährlich nicht über 250000. Gulden, (wodurch also Oesterreich den verlangten Ueberschuß einer Million erhalten hätte;) sie wären aber Pfalz, wegen der Nachbarschafft von Jülich, anständiger gewesen, als die Oesterreichische Lande in Schwaben. Ein Aequivalent für Chur-Sachsen in der obern Pfalz habe Oesterreich selbst zuerst vorgeschlagen, rc.

Oesterreichischer Seits gibt man vor: Das Preußische Ministerium habe, bey Ueberreichung seines Vereinigungsplans, dem Grafen von Cobenzel zu erkennen gegeben: Daß man wünsche, wenn die beyde Höfe in Ansehung desjenigen, was Sie am meisten betreffe, und was Ihnen zukommen sollte, einig werden könnten, hierüber allein eine Con-

Convention zu schliessen, ohne dasjenige, was die andere Höfe unter sich auszumachen hätten, abzuwarten:

Preußischer Seits aber widersprache man besagtem Vorgeben, und behauptete: Daß man im geraden Gegentheil gesagt: Der Preussische Hof wünsche, zu Erleichterung der Negotiation, mit dem Wiener Hof über die zwischen Ihm und den Bayrischen Erben streitige Puncte, durch Präliminarien sich im Voraus zu vereinigen, um sie hiernächst den Interessenten vorlegen zu können.

Preuß. Beantw. S. 73.

§. 71.

Pf. Zweybrückisches Schreiben an Chur-Sachsen.

Den 21. Maj. schribe der Herzog von Zweybrücken an den Churfürsten zu Sachsen, wegen des lezteren Anspruchs an die Bayrische Allodialverlassenschafft, mit Beyfügung der oben unter dem 16. Maj. angeführten Beantwortung.

§. 72.

Oesterreichische Replic gegen Chur-Pfalz.

Den 28. Maj. äusserte sich der K. Königliche Minister, F. v. Lehrbach: Man wundere sich, daß Chur-Pfalz die Beweisführung wegen der Straubingischen Erbschafft ablehnen wolle: Oesterreich könne sie nicht thun, weil die Beweise aus den Bayrischen Archiven genommen werden müßten: Wo dise fehlten, müßte die Beweisführung aus Vermuthungen eintretten. In der Convention stehe: „Was darzu gehöret:“ Man verstehe also billig den heutigen Umfang eines Gerichts, und eine vernünftige Theilung, wodurch die Ländereyen zusammenhangen, arrondirt- und die Strassen von einem Ort zum andern durch keine dazwischen lauffende Bezircke des andern Theils gehemmet werden; und dises alles so lang, biß das Gegentheil durch klare Beweisse dargethan werde. Hernach werden einige Bemerckungen zum Beweis der Oesterreichischen Forderungen gemacht; und endlich wird ein Compromiß vorgeschlagen.

Staatsbegeb. 1778. S. 927.

§. 73.

Oesterreichischer Gegenvergleichsplan.

Den 31. Maj. schriebe der Fürst von Kaunitz an den Grafen von Cobenzel im Hauptwerck:

Beede Höfe seyen in ihren Grundsäzen noch Himmelweit verschiden: Preussen erkenne aller anderer Prätendenten Ansprüche für rechtmäßig; die Oesterreichische hingegen, nebst der Convention mit Chur-Pfalz, für unrechtmäßig: Jene Forderungen gehen Oesterreich eigentlich nichts an, als in so ferne es Chur-Pfalz die Last ihrer Abfindung erleichtern helffen wolle. Oesterreich bekäme durch die gethane Vorschläge weniger als nichts, und müsse sich also auch der Preußischen Vergrösserung durch die beede Marggrafthümer mit allen Kräfften widersezen. Man schlage aber dennoch disen Ausgleichungsplan vor:

1. Preussen hebt seine Widersprüche gegen die von Oesterreich in Besiz genommene Lande auf; Oesterreich hingegen entsagt seinen Widersprüchen gegen die Vereinigung der Anspach- und Bayreuthischen Lande mit der Brandenburgischen Primogenitur.

2. Beyde Mächte wollen weder directe noch indirecte gegen jeden freywilligen Austausch, so Sie mit Jemand von ihren Nachbarn über dise oder andere Stücke treffen könnten, handlen, sondern vilmehr ihn durch ihre gute Dienste befördern.

3. Beede Höfe wollen zu Berichtigung nach Recht und Billigkeit der Sächsischen Allodialforderungen an Chur-Pfalz ihre gute Dienste anwenden; die K. Königin auch, nach dem mit Chur-Pfalz getroffenen Austausch, um demselben noch leichtere Bedingungen von den Allodial-Erben erhalten zu machen, Sachsen mehrere wichtige und in der Folge sehr wesentliche Vortheile zukommen lassen.

Dises seyen die allein mögliche Ausgleichungswege, und nach Unterzeichnung der Präliminarien könnten so gleich die Armeen auseinander gelassen werden.

Preuß. Exposé, Beyl. 9. S.

§. 74.
Preußische Gegenerklärung.

Den 13. Jun. 1778. behändigten die Preußische Ministers dem Kayserlichen Gesandten eine Antwort auf das F. Kaunizische Schreiben vom 31. Maj. dahin:

Wann der König Oesterreich nur nach seiner politischen Convenienz behandelte, würde Er Ihme kein so wichtiges Stück von Bayern gegen ein entferntes Aequivalent angetragen haben, und der König fordere für Sich nicht das allergeringste, als was Ihme ohnehin unstreitig

streitig zukomme. Daß der Anspach- und Bayreuthischen Erbfolge gedacht worden seye, darzu habe Oesterreich Gelegenheit gegeben, und es seye nur geschehen, um allen künfftigen Streitigkeiten vorzukommen, und könne die Sache auf die vorgeschlagene Weise berichtiget werden.

Der Vergleich wegen der Allodialverlassenschafft hange von dem Vergleich über die Bayrische Erbfolge ab. Der König könne zwar der K. Königin Ansprüche in ihrem ganzen Umfang nicht erkennen; habe aber schon erklärt, Er wolle sich nicht widersezen, daß Oesterreich einen Theil der in Besiz genommenen und ihme anständigen Lande behalte, wann Pfalz und Sachsen befridiget seyen: Aber es seye wider die Ehre und Würde des Königs, Sich die Hände durch Präliminarien zu binden, ehe er genau wisse, wie dise Abfindung geschehe, und Er verlange, Sich deutlich zu erklären: 1. Was Oesterreich von Bayern und der obern Pfalz behalten und zurückgeben wolle? 2. Was es für Tausche vorhabe, und was Pfalz dagegen bekommen solle? 3. Worinn die Vortheile bestehen, welche man Pfalz angedeyhen lassen wolle, um es in den Stand zu sezen, Sachsen zu entschädigen? 4. Ob der Wiener-Hof Sich mit Preussen über die ganze Bayrische Erbfolge vergleichen wolle, es betreffe gleich Chur-Pfalz, oder Chur-Sachsen, Zweybrücken und Mecklenburg? da der König in der Eigenschafft eines Freundes und Alliirten diser Höfe, wie auch als Churfürst und Reichsstand, u. s. w. ein Recht und Interesse dabey habe, daß dise Erbfolge auf eine rechtmäßige Weise berichtiget werde.

Sollte der Wiener Hof eine klare und entscheidende Antwort hierauf verweigern, so seye aller Vergleich unmöglich.

Preuß. Exposé, Beyl. 10.

§. 75.
Weitere Preußische Vorstellung.

Der Preußische Minister zu Wien mußte bald hernach weiter vorstellen: Es scheine, man verstehe des Königs Vergleichsvorschläge nicht recht: Er verlange nicht, daß Oesterreich durch Aequivalente so vil ersezen solle, daß ihme kein wesentlicher Vortheil übrig bleibe: Der eingenommene District betrage 2. Millionen; davon solle Oesterreich den Werth von etwa 700000. fl. zurückgeben; alsdann könne Chur-Pfalz Chur-Sachsen befridigen.

Oester. Gerechts. S. 92.

 Oester-

Oesterreich sagt: Der Preußische Gesandte, F. von Riedesel, habe, auf eigenen Befehl des Königs, dem Fürsten von Kauniz disen Vortrag gethan: Und dennoch habe man selbigen in denen dem F. v. Thugut ertheilten schrifftlichen Antworten schlechterdings geläugnet, hernach aber in der Vorstellung rc. S. 8. halb eingestanden, jedoch durch eine solche Auslegung verstellt, die offenbar gezwungen seye.
Oest. Beantw. der Pr. fern. Vorst. S. 4.

Preussen antwortet: Der König habe Sich nur erklärt: Er wolle dem Wiener-Hof gewisse Districte von Bayern gönnen, wodurch derselbe nach seiner Verwaltung 1300000. fl. gewinnen würde: Er habe aber die Anträge seines Ministerii, durch welche dise Districte bestimmet worden, oder bestimmet werden sollten, nicht aufgehoben: Auf dise leztere seye es also angekommen.

Vil mehreres hievon pro & contra findet man in der K. Königlichen Beantwortung der K. Preußischen fernerweiten Vorstellung rc. S. 18. u. f. und in der K. Preußischen Gegenantwort. S. 19. u. f.

§. 76.
Oesterreichische Schlußerklärung.

Den 24. Jun. 1778. wurde dem Preußischen Gesandten zu Wien mündlich weitläufftig vorgestellt, warum des Königs in Preussen vorgeschlagener Plan nicht statt finden könne. Das Hauptwerck kömmt darauf an.

Man gehe mit dem K. Königlichen Hause um, als wenn es weder Rechte noch Convention für sich hätte; nach Abzug der Aequivalente behielte Oesterreich nichts, und solle doch zu Befridigung der Allodialerben Rechte abtretten, die schon wichtig seyen, und mit der Zeit noch wichtiger werden könnten. Oesterreich solle Verzicht auf eine Erwerbung leisten, welche gewisser massen das Gleichgewicht zwischen Demselben und Preussen erhielte, und noch darüber darein bewilligen, daß Preussen seine Macht mercklich vergrössere. Dises lauffe wider das, was der K. Königl. Hof Sich Selber schuldig seye, wider seine Rechte, die Staatsklugheit und die billige Gleichheit; mache mithin einen Vergleich unmöglich.

Oesterreich hingegen erbiete sich, der Vereinigung der Fränckischen Marckgrafthümer und deren Vertauschung sich nicht zu widersezen, ohne dagegen für Sich etwas zu verlangen, als was Ihme ohnehin

hin gebühre; es wolle also Preussen wenigstens eine gleiche Vergrösserung gönnen, und in einen wechselseitigen Tausch bewilligen. Sollte Preussen wegen einer Vertauschung der Lausiz mit Sachsen übereinkommen, wolle die K. Königin zum Besten des Königs in Preussen die nöthige Verzichte ausstellen; wo nicht, so wolle Oesterreich schlechterdings es bey der Incorporirung der Marckgrafthümer in die Churlande belassen, doch daß Preußen Oesterreich seine Besizungen in Bayern auch gönne; wie denn auch Oesterreich lezteren Falles keinen Verzicht auf seine Lehens- und andere Gerechtsame thun, wohl aber allen Prätendenten wegen ihrer in dem ordentlichen Weg Rechtens erhaltenden Ansprüche Genugthuung leisten werde.

Würden dise Vorschläge nicht angenommen; so seye ein Vergleich unmöglich, und alle weitere Erklärungen überflüßig: Nehme man sie aber an, könnten beede Höfe Sich nach vestgestellten Präliminarien leicht über das: Quomodo? wegen der beederseitigen Tausche und Abfindung der Bayrischen Allodialerben mit einander vergleichen.

Preuß. Exposé, Beyl. 11.

Preussen behauptet: Es habe die Wiener Vorschläge nicht annehmen können, ohne des Königs Ansehen und Interesse, und den klaresten Rechten der natürlichen Erben des Hauses Bayern auf das empfindlichste zu nahe zu tretten.

Exposé, S. 11.

§. 77.
Preußische schließliche Gegenerklärung.

Den 3. Jul. stellte das Preußische Ministerium die lezte Gegenerklärung auf die Oesterreichische vom 24. Jun. aus; deren Hauptinnhalt darauf hinauslaufft:

Die Oesterreichische Rechte auf Nider-Bayern seyen ungegründet, und die ein würckliches Recht voraussezende Convention vom 3. Jan. habe Demselben kein neues Recht zulegen können: Dennoch habe Preussen, um nur Fride und Ruhe zu erhalten, bewilliget, daß Oesterreich ein wichtiges Arrondissement von Bayern erhalte; eine Entschädigung für Chur-Pfalz dagegen seye billig, und die vorgeschlagene Stücke kommen mit denen abzutrettenden Bayrischen Districten in keinen Vergleich. Chur-Sachsen hätte wegen seiner Ansprüche durch

 Min-

Mindelheim und Wisensteig, oder vielleicht durch einige Tausche befritiget werden können; so wie Chur-Pfalz einiger massen durch die Reichslehen in Bayern entschädiget worden wäre: Um einen allgemeinen Vergleich zu erleichteren, sodann das Aequivalent in etwas zu erhöhen, auch Oesterreich dadurch eine Art Rechtens an die Ihme zufallende Lande zu verschaffen, habe man die Begebung einiger Rechte vorgeschlagen, die zum Theil streitig seyen, wenig bedeuten und eintragen, auch nur Händel unter den Nachbarn veranlassen. Zur Wiedervereinigung der Anspach- und Bayreuthischen mit den Churlanden habe der König nur die Einwilligung der Prinzen seines Hauses nöthig, auch des Wiener Hofes seine nie verlangt, sondern nur dessen Anerbieten angenommen, ohne deßwegen ein Opfer dafür zu thun; so auch das Wienerische Anerbieten wegen einer Vertauschung diser Lande gegen die Lausiz, an welche Oesterreich erst nach Absterben des Hauses Sachsen ein entferntes Anfallsrecht habe; auf welchen Tausch auch der König gar nicht versessen seye; ob er schon beyden Häusern in Ansehung ihrer übrigen angränzenden Lande vortheilhaft wäre. Die von Oesterreich erhaltende Bayrische Lande werfen villeicht sechsmal mehr ab, als was es dagegen gäbe: ohne des wichtigen Vortheils des Arrondissements mit denen übrigen Oesterreichischen Staaten zu gedencken. Die unstreitige Erbfolge des Königs in die Fränckische Fürstenthümer könne mit der ganz ungegründeten Oesterreichischen Ansprache an Niderbayern gar in keinen Vergleich kommen, und das Gleichgewicht der Macht seye zwar in der Staatsklugheit gegründet: Dise aber müsse von der Gerechtigkeit geleitet werden, und es seye Oesterreich kein Ernst, daß das Gleichgewicht zwischen beeden Höfen auf dise Weise erhalten werden müsse: Dasselbe bekäme auch durch des Königs Vorschläge weit mehr, als eine billige Gleichheit erfordere. Eine ohnstreitige und entfernte Erbfolge könne mit einer ganz ungegründeten und gegenwärtigen Erbfolge durchaus nicht ins gleiche gestellet werden. Oesterreich behalte Sich bevor, ganz Bayern eintauschen zu können, den König von Berichtigung der Bayrischen Erbfolge auszuschliessen, u. s. w. welches alles mit denen Rechten von Pfalz und Sachsen, auch der Würde, Sicherheit und Interesse des Königs und des ganzen Reiches, nicht bestehen könne, und der Verspruch wegen Abfindung der Allodialerben seye unmöglich, wann

Oester-

Oesterreich halb-Bayern behalten wolle; gleichwie auch das Erbieten in Ansehung des Wegs Rechtens nichts heisse, so lang Pfalz nicht in seinen Besiz wieder hergestellet und ausgemacht seye, vor welchem unpartheyischen Gericht dise wichtige Sachen sollen untersucht und entschiden werden; da Kayserl. Majest. nicht in Ihrer eigenen Sache würden Richter seyn wollen oder können.

Ueberhaupt seyen des Königs Vorschläge deutlich und gerecht, die Oesterreichische hingegen unbestimmt und dunckel, wodurch Pfalz um den grösten Theil seiner Erblande, und die Allodialerben um die Möglichkeit einer Befriedigung, kommen würden.

Da nun der Wiener Hof am Ende erkläre, daß, wann der König seine Vorschläge nicht annehme, aller gütliche Vergleich unmöglich seye, und dadurch alle weitere Negotiation abbreche; so bleibe dem König nichts weiters übrig, als das äusserste Mittel, Sich der Zergliderung Bayerns zu widersetzen.

Preuß. Exposé Beyl. 12.

Viertes Capitel.

Handlungen wegen der Bayrisch- auch Brandenburg-Anspach- und Bayreuthischen Erbfolge, währenden Krieges, biß auf die von Franckreich und Rußland übernommene Vermittelung.

§. 1.

Preußisches Manifest.

Unter dem 3ten Julii 1778. liesse der König in Preussen das unten Cap. 5. mit mehrerem berührte Manifest, in Französisch und teutscher Sprache, bekannt machen:

Und bald hernach folgte auch der ebenfalls Cap. 5. bemerckte Nachtrag darzu.

§. 2.

Chur-Sächsisches Manifest.

Chur-Sachsen aber gabe die Cap. 5. mit mehrerem erwehnte: Kurze Vorstellung 2c. heraus.

§. 3.

§. 3.

Oesterreichischer Antrag an Preussen, *m.* Jul.

Nach also angegangenen Krieg schickte die Kayserin-Königin den Freyherrn von Thugut mit einem eigenhändigen Schreiben vom 12. Jul. an den König in Preussen, versahe auch den Freyh. von Thugut mit einer eigenhändigen Vollmacht, und liesse dem König vorschlagen: 1. Sie wolle von Bayern nicht mehr behalten, als ein Stück Landes, so eine Million abwerffe; 2. über einen andern Theil, der nicht über Eine Million Einkünffte habe, nicht an Regensburg stosse, und Bayern nicht in zwey Theile schneide, wolle sie mit Pfalz einen Tausch treffen; 3. beede Höfe wollten sich verwenden zwischen Pfalz und Sachsen wegen der Allodialien einen Vergleich zu stifften.

Preuß. fern. Vorstell. S. 4. Oest. Beantw. der fern. Vorst. S. 4.

§. 4.

Preußische Erklärung darauf.

Der König fügte dem Papier, welches die Oesterreichische Vorschläge enthielte, eigenhändig bey: Würde es der K. Königin nicht gefällig seyn, ihren Gerechtsamen auf einige Lehen in Sachsen, auf welche Sie, als Königin von Böhmen, die Oberherrlichkeit behauptet, zu entsagen? Würde man nicht den Herzog von Mecklenburg mit einem kleinen Reichslehen befriedigen können? Wird man noch die Erbfolge von Bayreuth und Anspach, (wie man in den vorigen Unterhandlungen bereits übereingekommen war,) berichtigen, mit dem Zusaz, daß die vorläuffige Huldigung in den beyden Marckgrafschafften dem Churfürsten zu Sachsen, und in den beyden Lausizen dem König in Preussen geleistet werde? Wird man die Sperrung der Statt Regenspurg, wo der Reichstag versammelt ist, nicht wieder aufheben?

Der König meldete ferner, daß er seine Cabinets-Ministers kommen lasse, um das angefangene Werck zu vollbringen; ersuchte auch mündlich den von Thugut, nach Wien zurück zu reisen, um nähere Instructionen und Erläuterungen einzuhohlen, damit man auf einer Landcharte verzeichnen könne, was Chur-Pfalz und Sachsen bekommen sollten, um ihre Einwilligung darüber einzuziehen.

Preuß. fern. Vorst. S. 5.

Dem Freyh. von Thugut wurde auch ein eigenhändiges Antwortschreiben des Königs mitgegeben.

Oest. Beantw. der Preuß. fern. Vorst. S. 6.

Nach-

Nachhero äusserte Preussen weiter: Der König habe obbesagte Articul zwar dem K. Königlichen Plan beygefügt, weil dieselbe darinn ganz übergangen gewesen seyen; Er habe aber deßwegen besagten Plan nicht völlig noch unwiderruflich angenommen, sondern das weitere auf die Ankunfft seiner Staatsministers ausgesezt.

Preuß. Gegenantw. S. 7.

Preußischer Seits beklagte man sich ferner, daß Oesterreich die gemachte Fridensanträge den Höfen von Franckreich und Rußland zu eben der Zeit mitgetheilet habe, da es den König in Preussen ersucht, solche vor Jedermann geheim zu halten.

Oesterreich antwortete: Gleichwie man unter dem Ausdruck: Jedermann ganz natürlich seine eigene Alliirte nicht verstanden habe; so habe man ein gleiches von dem Berliner-Hof in Ansehung Rußlands um so mehr vermuthen müssen, da man sich Preußischer Seits nicht lang vorher ein eigenes geflissentliches Geschäfft daraus gemacht habe, so gar die ganze unmittelbare eigenhändige Correspondenz des Kaysers mit dem Könige nicht nur dem Französischen und Rußischen Hof mitzutheilen, sondern auch den Innhalt derselben allenthalben zu verbreiten.

K. K. Beantw. der Preuß. fern. Vorst. S. 2.

Preussen replicirte: Die K. Königin habe den 12. Jul. in Ihrem Schreiben gemeldet: Je fais ce pas, sans en avoir prevenu l'Empereur mon Fils, & je demande à Votre Majesté *pour tout le monde* le secret, quelqu'en soit le succès. Der König habe Sich natürlich nicht vorstellen können, daß man unter disem Ausdruck seine Alliirte nicht verstehe, und habe das Geheimniß seines Orts auch gegen seine Alliirte, bis nach dem Bruch der Braunauer Negotiation, heilig beobachtet: Wann Er aber vorher die mit dem Kayser gehabte Correspondenz den Höfen von Rußland und Frankreich mitgetheilet; so habe Er geglaubt, es thun zu können, weil der Kayser kein Geheimniß darüber verlangt, und das gegründete Vertrauen auf die Gesinnungen diser beyden Höfe solche Mittheilung zu erforderen geschienen habe.

Preuß. Gegenantw. S. 3.

§. 5.

Reichstags-Handlungen.

Den 17. Jul. verlase die Chur-Brandenburgische Gesandtschafft bey dem Reichstag das Preußische Manifest öffentlich.

Chur-Sachsen äusserte sich darauf: Sein Hof werde die wichtige Ursachen, welche ihn bewogen haben, denen Maaßnehmungen des Königs in Preussen beyzutretten, ebenfalls nächstens bekannt machen lassen; indessen könne man vorläuffig anzeigen, daß K. Königlicher Seits mit denen Feindseligkeiten in denen Chur-Sächsischen Landen allbereits der Anfang gemacht worden seye.

Chur-Böhmen bezoge sich forderist auf die Aeusserung vom 10den Apr. Nachdeme nun indessen der König in Preussen den 5ten dises feindlich in Böhmen eingedrungen seye; so stelle sich der ganze Umfang der Ungerechtigkeit diser abermaligen Fridensstöhrung und Aggreßion überzeugend dar; worüber der K. Königin sich noch weiter zu erklären vorbehalten bleibe. Gegen Kayserliche Maj. als Reichsoberhaupt, seye ebenfalls der schuldige Respect ausser Augen gesezt, und Dieselbe durch offenbar ungegründete Vorwürffe beleidiget worden. Weiter könne man sich dermalen mit der Chur-Brandenburgischen Gesandtschafft nicht einlassen; und seye das volle Ungerechte der jenseitigen unbefugten Zudringungen und abermaligen Fridensstöhrung und Aggreßion hinlänglich offenbar. Chur-Sachsen habe man schrifftlich versichert, daß man es an denen erweislich zustehenden Allodialansprüchen und Forderungen auf keine Weise zu verkürzen gedenke: Die Vereinbarung der Chur-Sächsischen Trouppen mit denen Preußischen, davon ein Theil in die Oesterreichische Staaten eingedrungen seye, und der also ergriffene Weg der Waffen seye auch von Chur-Sachsen Reichssazungswidrig: Und da selbiges jezo der Preußischen Erklärung beytrette; so seye Oesterreich dadurch berechtiget und vermüßiget, alle seine Kräfften zu seiner Vertheidigung, auch Erhohlung des Demselben verursachten Aufwands und Schadens, dann künfftiger Sicherstellung, anzuwenden.

Der Oesterreichische Gesandte erklärte ein gleiches, mit dem Anhang: Es seye befremdlich, daß man die Besiznehmung des Oesterreichischen Antheils von Bayern vorbilden wolle, als wäre solche der Sicherheit, der Verfassung und dem Gleichgewicht des Reichs zuwider. Der Sicherheit des Reichs seye nicht entgegen, wann Jemand einen eröffneten rechtlichen Besiz nehme; und noch weniger, wann es mit Einverständniß des andern intereßirten Theils geschehe: Wohl aber seye es der Sicherheit des Reichs nachtheilig, wann Dritte sich ungebührbührlich darein mengen, darüber eigenmächtig erkennen, und, wann man sich nicht fügen könne, zu Drohungen, und endlich zur Gewalt der Waffen, schreiten. Die Sicherheit und Verfassung des Reichs bestehe darinn, daß Thathandlungen abgehalten, und Ansprüche gütlich oder rechtlich abgethan werden. Bayern seye nie kein untheilbares Churfürstenthum, sondern allezeit ein theilbares Fürstenthum, gewesen: Mit Chur-Pfalz habe man sich verglichen, und gegen den andern Prätendenten zur Güte oder Recht erboten: Das Gleichgewicht im Reich endlich bestehe darinn, daß kein Stand gegen den andern sich einer gebietenden Uebermacht anmasse, sondern sich an gleichem Reich ersättige; dises habe Oesterreich, jenes aber Preussen, gethan. Preussen seye es nicht um die Freyheit von Teutschland, sondern um deren Unterdrückung und seine Convenienz, zu thun; dahero Jedermann die Ungerechtigkeit der abermaligen Stöhrung der Ruhe in Teutschland erkennen werde.

Chur-Brandenburg replicirte: Die Realien der Böhm- und Oesterreichischen Widerrede haben schon in der abgelesenen Erklärung ihre abhelffliche Maasse erhalten; es komme nicht so vil auf den Aggressionsfall, als darauf an, wer der Urheber der Streitigkeiten seye und jenen veranlaßt habe? An dem Respect gegen Kayserl. Maj. werde die Gesandtschafft es nicht ermanglen lassen, und den beederseitigen Höfen anheimstellen, wie sie den Ausdruck von Usurpationen, so offt wiederhohlten Zudringlichkeiten, u. d. gegen einander zu compensiren wissen würden.

§. 6.

Preußischer neuer Vergleichsplan.

Oesterreich meldet: So bald die Preußische Ministers bey dem König angelangt seyen, habe man angefangen, der K. Königin Vorschläge als unbestimmt und verfänglich auszugeben.

Oest. Beantw. S. 6.

Den 22. Jul. übersandte der König, unter dem Einschluß an den Rußischen Gesandten zu Wien, einen neuen Plan, darinn Oesterreich nur der District von Burghausen, von Paßau an, längst dem Innfluß biß Wildshut, angetragen wurde; ohne ein Aequivalent an Land zu geben: Doch sollte es 1. eine Summ Geld bezahlen, und 2. denen offtgedachten Lehensgerechtsamen entsagen.

Preuß. fern. Vorst. S. 5.

Ausführlichere Nachricht aber hat Oesterreich von disem Preussischen Plan ertheilt, welchen zu Folge er im Hauptwerck dahin gegangen:

1. Die K. Königin soll den von Bayern und der obern Pfalz in Besiz genommenen Antheil Chur-Pfalz ganz zurückstellen: Dagegen solle Ch. Pfalz jenen Antheil des (Rent-) Amts Burghausen, der vom Paußauischen Gebiete an, längst dem Inn, biß an den Zusammenfluß der Salza, dann längst der Salza, biß an die Gränzen von Salzburg bey Wildshut, sich schliesset, Oesterreich abtretten: Der übrige Theil dises (Rent-) Amts, so wie der Innfluß, solle Pfalz verbleiben. (Dadurch würde Oesterreich eine grosse, fruchtbare und wohlgelegene Provinz zuwächsen, die mit einem schiffbaren Fluß begränzet seye, und die Vestung Scharding, nebst mehreren wichtigen Stätten, in sich fasse; Bayern würde nicht durch die Mitte zertheilet, noch Regensburg, der Siz des Reichstages, gesperret werden.) 2. Wollte Oesterreich Ch. Pfalz nicht durch einige Länderabtrettung entschädigen; könnte es, ob gleich in weit geringerer masse, geschehen, wann es seinen Lehens- und Oberherrlichkeiten in der obern Pfalz und Sachsen entsagte, und Ch. Sachsen Eine Million Thaler bezahlte. Dadurch würde Pfalz der Allodialansprüche entlediget: Darneben könnte Ch. Sachsen Mindelheim als ein Allodium, und die Herrschafft Rotenberg, überlassen werden. So würde alles auf einmal geschlichtet, und so bald Oesterreich und Preussen darinn einig wären, könnte man die interessirte Höfe zum Beytritt einladen, welcher auch zuversichtlich erfolgen würde. 3. Alsdann würden Oesterreich und Ch. Sachsen allen Ansprüchen auf Bayern und die obere Pfalz entsagen, und die Zweybrückische Erbfolge anerkannt und versichert. 4. Die vacante Bayrische Reichslehen würden Chur-Pfalz und Zweybrücken überlassen. 5. Mecklenburg bekäme eines diser kleinen Reichslehen, oder dagegen das Privilegium de non appellando. 6. Der Kayser und die K. Königin würden ihren Böhmischen Lehens- und anderen Rechten in den Anspach- und Bayreuthischen Landen entsagen und Sich verbindlich machen, zu keiner Zeit sich der Vereinigung diser Lande mit der Chur-Brandenburgischen Primogenitur zu widersezen; so auch nicht, wann Preussen und Chur-Sachsen, sich über einen Austausch der Fränckischen Marckgrafthümer gegen die Lausiz und einige andere Districte vergleichen sollten;

vil-

vilmehr solchen Falles dises Land von allen Oesterreichischen Ansprüchen und Lehens-Rückfalls- auch Vorkauffsrechten entledigen.

Oest. Beantw. S. 8.

§. 7.

Oesterreichischer Widerspruch H. Albrechts Verzichtsurkunde.

Den — Jul. äusserte die Oesterreichische Comitialgesandschafft vorläuffig, auf Befehl ihres Hofes: Der (in erstgedachtem Nachtrag bekannt gemachten) angeblichen Verzichtsurkund Herzog Albrechts von Oesterreich Zeichen der Unächtigkeit fallen Kennern der Diplomatic so gleich in die Augen, die angebliche Abschrifft derselben seye von gar keiner Glaubwürdigkeit, und das Angeben, ob wäre eine solche Abschrifft auch zu Wien vorhanden gewesen, ganz ungegründet und höchst beleidigend: Worauf ins besondere ausgeführet wurde, warum die Urkund falsch, elend, bedungen und ein offenbarer Betrug seye.

Staatsbegeb. 1778. S. 866. 928.

§. 8.

Pf. Zweybrückische Vorstellung an das Reich.

M. Jul. 1778. liesse Pfalz-Zweybrücken den schon berührten: Kurzen Innhalt rc. bekannt machen; in dessen Schluß gemeldet wird: Der Herzog zweifle gar nicht, seine Mitstände werden nunmehro keinen weiteren Anstand nehmen, sich bey Ihro Kayserlichen Maj. nachdrücklichst zu verwenden, daß dise so hochwichtige, das ganze Reich überhaupt, und einen jeden Mitstand in seiner Maasse mit-intereßirende Angelegenheit auf Reichsgesez- und Verfassungsmäßige Art beygelegt und entschiden werde.

§. 9.

Oesterreichische Antwort auf den Preußischen Vergleichsplan.

Den 1. Aug. beantwortete die K. Königin den Preußischen Vergleichsplan vom 22. Jul. eigenhändig dahin: Des Königs Anträge veränderten den Stand der Sachen, zu ihrem Leidwesen, dergestalt, daß Sie nicht gleich Ihre Meinung darüber sagen könne, sondern erst mit dem Kayser Rücksprach darüber halten müsse; welches Sie aber bald möglichst thun würde.

Preuß. fern. Vorst. S. 5. u. Preuß. Beantw. S. 13.

Oesterreich sagt: Es würde dadurch vil mehr verlohren- als gewonnen haben; der einige wesentliche Unterschid von denen vorigen

Vorschlägen seye darinn bestanden, daß die Chur-Sächsische Forderungen nicht mehr so hoch begünstiget worden seyen.

Oest. Beantw. S. 12.

Preussen hingegen behauptet: Oesterreich würde dadurch, in Ansehung seiner gar nicht gegründeten Ansprüche auf die Bayrische Erbfolge, eine wichtige Vergrösserung und Arrondissement erlangt haben; welches man zugeben müssen, weil Niemand im Reich sich der Sache annehmen, sondern alle Last und Gefahr Preussen und Chur-Sachsen allein überlassen wolle. Uebrigens habe der König nur bestimmt, was Oesterreich zu Befridigung der Allodialerben beytragen solle, ohne deßwegen eine besondere Abkunft mit Chur-Pfalz auszuschliessen.

§. 10.

Preußische Vertheidigung H. Albrechts Verzichtsurkunde.

Den 3. Aug. äusserte die Chur-Brandenburgische Comitialgesandtschafft einstweilen: So lang Oesterreich keine andere, als die angeführte, Gründe habe, Herzog Albrechts von Oesterreich Verzichtsurkund von 1429. zu bezweiflen, oder gar für falsch zu erklären, werde sie ihren vollen Werth behaupten.

Staatsbegeb. 1778. S. 870.

§. 11. a.

Oesterreichische Antwort an Preussen.

Den 6. Aug. schriebe die K. Königin wieder an den König in Preussen: Sie habe dem von Thugut aufgetragen, eine Gegenproposition zu thun, durch welche dem verderblichen Krieg mit einem mahl ein Ende gemacht werden könnte.

Preuß. Beantw. S. 13.

§. 11. b.

Oesterreichische Aeusserung bey dem Reichsconvent wegen der Verzichtsurkunde.

Den 7. Aug. 1778. äusserte die Oesterreichische Gesandtschafft bey dem Reichsconvent: Chur-Pfalz habe erklärt, daß es die angebliche Verzichts-Urkund Herzog Albrechts nicht besize, und daß Oesterreich von dem mit Chur-Pfalz getroffenen Vergleich nie abgehen werde.

Staatsbegeb. 1778. S. 932.

§. 12.

Oesterreichischer Antrag an Preussen vom 11. Aug.

Den

Den 11. Aug. thate der Kays. Königl. Minister von Thugut dem König in Preussen im Lager bey Welsdorf in Böhmen (erstlich mündlich, so dann auf des Königs Verlangen, schrifftlich,) und hernach dem K. Preußischen Ministern zu Braunau, den Antrag: Da die Kayserin-Königin keine Vergrösserungs-Absichten hege, und vornemlich nur die Erhaltung ihrer Würde, ihres politischen Ansehens und des Gleichgewichts in Teutschland verlange; so seye sie bereit, alles dasjenige, was sie durch ihre Trouppen in Bayern und in der obern Pfalz habe in Besiz nehmen lassen, wieder zuruck zu geben, und den Churfürsten von Pfalz von den Verbindlichkeiten, welche er durch die Convention vom 3. Jan. eingegangen, loszulassen, unter der Bedingung, daß der König in Preussen sich in gehöriger Form, für sich und seine Nachfolger, verbindlich mache, die beede Marggrafthümer Bayreuth und Anspach mit der Primogenitur seines Hauses so lang nicht zu vereinigen, als darinn noch nachgebohrene Prinzen vorhanden seyn würden; zu Folge der die Krafft eines Reichsgesezes habenden Brandenburgischen pragmatischen Sanction: Die Erörter- und Entscheidung der Ansprüche der andern bey der Bayrischen Erbschafft intereßirten Theile aber könne an den ordentlichen Weg Rechtens verwisen werden.

Preuß. fern. Vorleg. Urkund. Beyl. 1. Oest. Beantw. rc. S. 14.

Preussen behauptet: Unter der K. König und des F. von Thuguts Anträgen seye ein merklicher Unterschid: Dann die K. Königin habe 1. dem König die Entsagung seines Fränckischen Erbfolgrechts nicht zugemuthet, auch 2. nur Eine Million Einkünffte aus Bayern verlangt; durch den von Thugut aber entweder 1. einen Verzicht auf besagtes Recht, oder 2. noch mehrere Einkünfte durch einen Tausch schlechter, zerstreuter und in seinen Einkünften übertribener Lande, gegen die beste und bißher wenig genutzte Districte von Bayern verlangt.

§. 13.

Dessen Folgen.

Der König in Preussen verwarffe aber so gleich disen Antrag als unannehmlich; jedoch mit dem Anhang, daß Er allenfalls auf andere Bedingnisse zu Wiederherstellung des Fridens noch allezeit geneigt seye, und dem F. v. Thugut überliesse, ob er mit des Königs Ministern über seine anderweitige Vorschläge eine Abkunfft treffen könnte.

Oesterr. Beantw. S. 14. Preuß. Gegenantw. S. 15.

§. 14.

§. 14.

Oesterreich- und Preußische Conferenz am 13. Aug.

Beederseitige Ministers traten also den 13. Aug. im Closter Braunau in Böhmen in Conferenz, und der F. von Thugut wiederholte fordrist den dem König gethanen Vortrag; welcher aber nochmals abgelehnet wurde.

Darauf that er dise Vorschläge:

1. Die K. Königin wolle mit einer Revenue von einer einzigen Million Gulden zufriden seyn. 2. Pfalz solle einen Theil von Bayern und der obern Pfalz an Oesterreich abtretten, welcher bey Kuffstein in Tyrol anfange, dem Inn biß Wasserburg folge, von da über Landshut auf Lankwat gehe, und endlich über Perbing, Donaustauf, Nittenau, Neuburg und Rez biß Waldmünchen, längst dem grossen Weg, der nach Toms in Böhmen führe, sich schliesse. Die Einkünfte dises Bezircks solle an Ort und Stelle, nach denen Münchischen Archivrechnungen, durch eine gemeinschafftliche Commißion von Oesterreich, Chur-Pfalz und Pfalz-Zweybrücken, berichtiget werden. Was nun nach Abzug Einer Million Gulden für Oesterreich weiter betrage, würde Chur-Pfalz durch abzutrettende Güter von gleichem Ertrag, oder wie sich die Commissarien sonst vergleichen würden, ersezet werden. Namentlich wolle Oesterreich seine Lande in Schwaben an Pfalz abtretten, wann deren (gleichfalls nach den Rechnungen zu bestimmende,) Einkünfte denen nach Abzug Einer Million überbleibenden Einkünften aus obbesagten Bayrischen Landen gleich befunden würden. Wären die Bayrische Einkünfte geringer, würde die Abtrettung in Schwaben darnach proportionirt: Wären sie aber grösser, als der Schwäbisch-Oesterreichischen Lande, solle Chur-Pfalz, durch andere Abtrettungen von gleichem Ertrag in denen Niderlanden, oder durch Uebernehmung eines Verhältnißmäßigen Antheils Bayrischer Schulden, oder wie sich die Commissarien sonst ungezwungen vergleichen würden, schadlos gehalten werden. 3. Osterreich wolle sich der Widervereinigung der Fränckischen Marckgrafthümer nicht widersezen: Und wann der König solche gegen die Lausniz vertauschen wollte, wolle Oesterreich seinen Lehen-Rückfalls- und anderen Rechten auf die Lausniz entsagen. 4. Beede Höfe wollen sich verwenden, Chur-Pfalz und Chursachsen wegen der Allodialverlassen-

lassenschaft zu vergleichen. 5. Solches zu erleichtern, wolle Oesterreich auf seine Lehens- und andere Rechte über seine Lehen in Sachsen Verzicht leisten. 6. Oesterreich und Preussen wollen darzu helfen, daß Mecklenburg von dem Kayser und Reich ein kleines eröffnetes Reichslehen erhalte.

§. 15.

Am 15. Aug.

Den 15. Aug. antworteten die Preußischen Ministri, nach erhaltenem Befehl vom König:

1. Die Erbfolge in den Marckgrafthümern festzusezen, und das Testament Churfürst Albrechts mit Beystimmung aller Glider des Hauses Brandenburg abzuändern, komme disem Hause allein zu: Die Kayserl. Bestättigung besagten Testaments seye eine blosse Formalität, und daß sie mit Bewilligung der Reichsstände geschehen seye, eine blosse Canzleyformul.

2. Es seye zu besorgen, Oesterreich möchte sich unter dem Namen der intereßirten Höfe mit-verstehen, und seine Ansprüche nur auf eine andere, aber eben so nachtheilige, Weise geltend machen wollen:

3. Der Vorschlag wegen Bayern seye aber auch Pfalz und dem ganzen Reich gefährlich: Oesterreich würde dadurch, wo nicht den grösten, doch den fruchtbarsten, reichesten, und am meisten bevölckerten Theil von ganz Bayern davon tragen, Meister von allen grossen Flüssen, vom Salzwesen und von den reichen Salzwerckern zu Reichenhall werden; Chur-Pfalz hingegen den schlechtesten aus Wäldern und Sand bestehenden Theil lassen, der sich ohne den andern nicht erhalten könne, und davon immer abhängig, auch noch über dises mit einer grossen Schuldenlast beladen bleiben würde. Dagegen seyen die anerbotene entfernte, zerstreute und weit schlechtere Lande in Schwaben kein Aequivalent. Auch seye dise Art, Länder zu erwerben, neu und bedencklich: Wann Oesterreich auch ein Recht an Bayern hätte, so erstreckte sich solches auf einen gewissen Bezirck, und nicht auf eine gewisse Summe von Einkünften. Aus Liebe zum Friden habe man Aequivalente vorgeschlagen, die geringer seyen, als das, was man überlassen wolle. Was jezt in Bayern Eine Million trage, würde bey Oesterreich bald 2. oder 3mal mehr abwerfen, und Pfalz so vil verliehren. Pfalz, und sonderlich Zweybrucken, würden bey der vorge-

schlagenen Commißion Begebenheiten unterworffen seyn, deren Folgen man leicht voraussehen könne, und der König würde des ganzen Zwecks seiner Vermittelung verfehlen.

4. Pfalz würde durch dise Vorschläge gänzlich ausser Stand gesezt, Sachsen zu befridigen.

Ueberhaupt würde Bayern auf eine übertribene Art zerglidert, Pfalz so herabgesezt, daß Zweybrücken nimmermehr darein willigen würde, Oesterreich hingegen würde eine so übermäßige Vergrösserung verschafft, welche das ganze Gleichgewicht der Macht in Teutschland über den Hauffen werffen, auch der Freyheit und Sicherheit des ganzen Reichs, und des Königs insonderheit, zuwider seyn würde. Schließlichen sage sich der König von seinen bißherigen Vorschlägen los, und müsse eine Veränderung in den Grundsäzen abwarten, um die Unterhandlungen glücklich und wircksam zu machen.

Der Freyherr von Thugut übergabe noch selbigen 15den Aug. eine fernere Note: Es seye Oesterreich nicht um eine Vergrösserung, sondern um eine bequemere Verbindung zwischen dessen verschidenen Staaten, zu thun: Er schlage also eine andere Gränzlinie vor, die von Kuffstein längst dem Inn auf Wasserburg, Müldorf, Markt von da aber über Pfarrkirchen, Osterhoven, Dekendorff, Vichtach und Waldmünchen, biß an die Böhmischen Gränzen gehe. Seye auch dises nicht anständig, wolle er neue Befehle einhohlen: Preussen habe aber bißhero selbst zugestanden, daß billig Oesterreich ein anständiger Vortheil aus seinen Rechten an die Bayrische Erbschafft und aus der Convention mit Chur-Pfalz zuwachse.

Das Preusische Ministerium replicirte an eben disem Tag: Der vorgeschlagene District seye zwar geringer, als der vorige, begriffe aber doch einen Theil der Donau, den ganzen Inn und die Salze, die Helffte des Straubingischen Districts, und den ganzen fruchtbaren und wichtigen District von Burghausen, nebst den Salzwercken von Reichenhall, welche für Bayern ohnumgänglich nöthig und zu wichtig seyen, als daß sie mit irgend etwas compensirt werden könnten. Der gegenwärtige Ertrag eines auf das schlechteste verwalteten Landes könne mit einem aufs höchste getribenen Ertrag eines anderen Landes nicht in Gleichheit gesezet werden. Der König gestehe Oesterreich kein Recht auf Bayern, und also auch keinen Vor-

Voraus von einer Millionen, zu: Es würde aber durch die innerliche Beschaffenheit der anerbotenen Lande und aus dem Arrondissement einen Vortheil erhalten. Wann man Eine Million von dem gegenwärtigen Ertrag abziehen wollte, würde Pfalz ein geringes Aequivalent erhalten. Oesterreich habe schon eine genugsame Communication zwischen seinen Staaten, und würde so, ohne allen rechtliche Grund, eine zu ansehnliche Vergrösserung erlangen: Man wiederhole also die vorige Antwort.

§. 16.

Abbruch der Conferentien.

Der Freyherr von Thugut wollte zwar noch weitere Instruction einhohlen: Der König forderte aber seine Ministers ab, weil man in den Grundsäzen noch zu weit von einander entfernet seye, als daß etwas fruchtbarliches heraus kommen könnte.

Preuß. fernerw. Vorleg. rc. S. 5. u. f. Oest. Beantw. S. 16.

Oesterreich meldete hernach: Wann die durch den F. von Thugut geschehene Vorschläge billig und hinreichend gewesen seyen, hätte man sie annehmen, widrigen Falles aber das Erbieten, weitere Befehle einhohlen zu wollen, nicht verwerffen sollen. Die Beschuldigung, daß die K. Königin Chur-Pfalz nur von der Convention vom 3. Jan. habe lossprechen, aber doch durch einen geheimen Vorbehalt seine Ansprüche auf andere Art geltend machen wollen, seye beleidigend und ganz ungegründet: Daß man Oesterreichischer Seits die Combinirung der Fränckischen Fürstenthümer mit der Chur für Gesezwidrig angegeben, und doch die Einwilligung darein anerboten, widerspreche sich nicht, weil man dabey die Einwilligung des Reichs und der Interessenten vorausgesezt habe. Endlich seye auch falsch, daß Oesterreich den Antrag wegen der Zurückgabe von Bayern nicht eher gethan, als biß es sicher gewesen, daß Preussen die Gegenbedingung nicht annehmen werde: Der König habe Selbst die Erbfolge in Francken gelegenheitlich nicht für so ausgemacht gehalten, und also seye gar nicht unwahrscheinlich gewesen, daß Er das Oesterreichische Erbieten annehmen werde.

Oest. Beantw. S. 20. u. f.

Preussen antwortete: Oesterreich habe wenigstens das Beste Ein Drittel von Bayern behalten, und ein Recht auf Bayern behaupten wollen; welch beedes man nicht habe zugestehen, und bey solchen Gesinnungen von weiteren Handlungen nichts gutes erwarten können.

 Man

Man habe Oesterreich nur pro redimenda ein mäßiges Stück Landes zugestehen wollen; und wann Pfalz und Zweybrücken ohne Beystand mit Oesterreich hätten tractiren sollen, belehre das Beyspil der Convention vom 3. Jan. wie das Geschäffte ausgefallen wäre. Zu der Besorgniß, daß Oesterreich sich seine Ansprüche doch heimlich habe vorbehalten wollen, hätte Oesterreichs ganzes Betragen in diser Sache und seine dunckle Erklärungen selbst Gelegenheit gegeben, und es habe sich erst nach Zerschlagung der Braunauer Handlungen deutlicher herausgelassen, aber nicht eher, als biß es versichert gewesen, daß der König die Entsagung der Fränckischen Erbfolge nimmermehr eingehen werde. Das Anerbieten, in die Vereinigung diser Lande zu bewilligen, bliebe, wann sie an sich ungerecht wäre, allemal so, weil das Reich nur darum darzu hätte Ja sagen sollen, damit Oesterreich einen Theil von Bayern erwerben könne: Preussen seye es nur um damnum vitandum zu thun; Oesterreich hingegen um lucrum captandum. Der König habe nirgend eingestanden, daß sein Recht zur Vereinigung der Fränckischen Fürstenthümer mit den Churlanden streitig seye; es bleibe also nochmals dabey, daß der Oesterreichische Antrag wegen der Zurückgabe von Bayern erst geschehen seye, da man gewußt, daß der König von der Fränckischen Erbfolge nicht abstehen werde.

Preuß. Gegenantw. S. 21. u. f.

§. 17.

Pf. Zweybrückische Vorstellung bey dem Reichstag.

Den 21. Aug. 1778. liesse Pfalz-Zweybrücken dem Reichsconvent vorstellen: Es habe die Urkunden vom Jahr 1426. erst den 8. Jun. erhalten; dahero der Abdruck seiner Vorlegung rc. noch etliche Wochen erforderen werde: Bey der weit-aussehenden Lage diser Sache aber möchten die Reichsstände sich bey Kayserlicher Maj. verwenden, damit selbige zur Reichsgrundgesezmäßigen Erörterung eingeleitet, und Pfalz bey seiner Verfassung, Rechten und Herkommen erhalten werde.

Staatsbegeb. 1778. S. 936.

§. 18.

Chur-Sächsische Vorstellung.

Den 8. Sept. 1778. theilte die Chur Sächsische Gesandtschafft zu Regensburg denen übrigen Gesandten die Schrifft: Rechtsbegründete Ansprüche rc. mit: Man sehe davon Cap. 5.

§. 19.

§. 19.

Oesterreichische Vorstellung an das Reich.

Um den 23. Sept. liesse Oesterreich eine Vorstellung und Ersuchen der K. Königin an Ihre Mitstände des Teutschen Reichs gegen die widerrechtliche und fridbrüchige Handlungen des Königs in Preussen, bey Gelegenheit der Bayrischen Erbfolge austheilen; des hauptsächlichen Innhalts: Die K. Königin habe forderist alle Versöhnungsmittel versuchen wollen. Preussen stelle die einfacheste und klåreste Gegenstånde verwirrt und gehåßig vor. Oesterreich und Chur Pfalz håtten sich verglichen: Disem Vergleich widerspreche Pfalz-Zweybrücken und Chur-Sachsen: Zweybrücken habe man aufgefordert, sein vermeintliches Recht in Reichsgesezmåßigem Wege zur Entscheidung beeder Theile Ansprüche vorzulegen rc. Chur-Sachsen zu gefallen, wolle Oesterreich seinen Rückgangsrechten entsagen, wegen der Allodialforderungen, so fern sie den Straubingischen Antheil betreffen dörfften, eine vollståndige Befridigung leisten, auch übrigens einen Vergleich mit Chur-Pfalz, als Haupterben, beförderen helffen; sie håtten also beede keine Ursach, zu klagen, noch ein Recht, zu den Waffen zu greiffen. Mecklenburg habe nichts an Oesterreich zu forderen. Chur-Pfalz habe wenigstens auf seine Lebenszeit sich vergleichen können, und Pfalz-Zweybrücken habe man alle Sicherheit versprochen, im Fall die Oesterreichische Ansprüche in dem Reichsverfassungsmåßigen Wege für ungültig erkannt werden sollten. Gegen alles dises habe der König in Preussen nichts zu sagen: Aus Liebe zum Friden aber habe die K. Königin die Convention vom 3. Jan. aufheben und alles in Besiz genommene zurückgeben wollen, wann Preussen, bey Eröffnung der Anspach- und Bayreuthischen Lande, selbige einem nachgebohrenen Prinzen zukommen lassen wolle. Der König habe aber disen Antrag schlechterdings verworffen. Es seye um das allgemeine Beste des Reichs, um die Erhaltung des Gleichgewichts darinn, um die Bewahrung des bißherigen Verhåltnisses in dem Frånckischen und andern benachbarten Crayßen, und um die Abwendung der gefåhrlichen Folgen zu thun, welche unvermeidlich entstehen würden, wann Preussen seine Vergrösserungsabsicht einseitig durchseze; die Reichsstånde möchten also gemeinschafftliche nachdrucksame Vorstellung an Preussen thun, die widerrechtliche fridbrüchige Handlungen unverzüglich einzustellen, und die Brandenburgiburgische pragmatische Haussanction aufrecht zu erhalten, auch mit der K. Königin gegen die Stöhrung des Land- und Westphälischen Fridens gemeinsame Sache machen, Sie mit ausgiebiger Hülffe unterstüzen, und die Garants des Westphälischen Fridens um ihren Beystand ersuchen.

Staatsbegeb. 1778. S. 938. u. f.

Von der beygefügten Schrifft: „Ihrer Kayserl. Königl. Apostol. Maj. Gerechtsame und Maaßreglen ꝛc.“ sehe man Cap. 5.

Preussen sagt: Die Sprache, so Oesterreich zu Braunau und bey dem Reichsconvent geführt, seye sehr verschiden; indeme es Sich an jenem Ort gar nicht ausdrücklich erklärt habe, daß es Sich seiner alten Ansprüche, welche es ausser der Convention vom 3. Jan. zu haben vermeine, begeben wolle: Weil man nun Preussen einen grossen Vorwurff dadurch habe machen wollen, seye es genöthiget worden, die Braunauer Handlungen bekannt zu machen.

§. 20.

Preußische neue Schrifft.

Den 25. Sept. liesse die Chur-Brandenburgische Gesandtschafft die abgemüssigte einstweilige Vorlegung ꝛc. austheilen; davon Cap. 5. ein mehreres vorkommt.

§. 21.

Preußische Vorstellung an das Reich ꝛc.

M. Oct. 1778. gabe Preussen die obgedachte fernerweite Vorstellung und Erklärung an seine Mitstände heraus; davon Cap. 5. nachzusehen ist.

Ferner die Anmerckungen über die Betrachtungen über die Succeßion im Anspach- und Bayreuthischen.

§. 22.

Chur-Pfälzische Schrifft.

M. Nov. 1778. liesse die Chur-Pfälzische Comitialgesandtschafft den: Widerspruch gegen die Chur-Sächsische Ansprüche ꝛc. (s. Cap. 5.) austheilen.

§. 23.

Oesterreichische Schrifften wegen der Fränckis. Marckgrafthümer.

Im Dec. 1778. liesse Oesterreich

1. Die Beantwortung der wahren Vorstellung der Erbfolgordnung in dem Burggrafthum Nürnberg bekannt machen;

2. Die

2. Die Beantwortung des wesentlichen Innhalts der fernerweiten Preußischen Vorstellung 2c. an die Mitstände des teutschen Reichs.

Auch kame eine geschribene Widerlegung der Anmerckungen über die Betrachtungen über die Succeßionsordnung in denen Brandenburgischen Fürstenthümern im Fränckischen Crays zum Vorschein.

§. 24.

Preußische Schrifften wegen der Convention mit Chur-Pfalz.

M. Dec. 1778. stellte Preussen die oben abgenöthigte Anzeige 2c. wegen der Convention zwischen Oesterreich und Chur-Pfalz, sodann der Verhandlungen zwischen Preussen und Pfalz-Zweybrücken an das Licht.

Desgleichen die: Abfertigung 2c. der Oesterreichischen Beantwortung des Preußischen Nachtrags 2c.

Man sehe von beyden Cap. 5.

§. 25.

Chur-Sächsische Schrifft gegen Pf. Zweybrücken.

Auch im Dec. 1778. liesse Chur-Sachsen bey dem Reichsconvent Anmerckungen über die Pfalz-Zweybrückische Schreiben und Schrifften vom 16. und 18. Maj. austheilen. s. Cap. 5.

§. 26.

Weitere Preußische Schrifften.

Gegen das Ende des Januarii 1779. gabe Preussen heraus:

1. Die Beantwortung der Oesterreichischen Hauptschrifft: Gerechtsame und Maaßreglen 2c. davon Cap. 5. ein Auszug folgt; sodann

2. die behauptete wahre Vorstellung der Erbfolgordnung in dem Burggrafthum Nürnberg; und endlich

3. die Gegenantwort auf die Wienerische Beantwortung des wesentlichen Innhalts 2c.

§. 27.

Salzburgische Schrifft.

M. Jan. 1779. erschiene auch die Salzburgische: Geschicht- und Actenmäßige Anzeige 2c. davon Cap 5. nachzusehen ist.

§. 28.

Würtembergische Schrifft.

Um gleiche Zeit trate auch die ebenfalls Cap. 5. berührte Würtembergische Schrifft an das Licht.

§. 29.

§. 29.

Pfälzische Schrifft.

Im Februario 1779. endlich bekame man die Pfälzische: Rett- und Vertheidigung rc. gegen Chur-Sachsen zu lesen. s. Cap. 5.

Fünftes Capitel.

Anzeige derer Hauptschrifften, welche in disen Streitigkeiten an das Licht getretten sind.

§. 1.

Oesterreichische Schrifften.

Kayser-Königliche Gesandtschaffts-Aeusserung; abgelegt in Curia den 10den April 1778. 4.

Man sehe deren Innhalt oben Cap. 3.

Substanz einer vorläufigen Aeusserung der Chur-Böhmischen Comitial-Gesandtschafft auf den Nachtrag zu der von Ihro Königl. Maj. in Preussen und Churfürstl. Durchl. zu Brandenburg den 3. Jul. 1778. an Ihre Mitstände des Teutschen Reichs gethanen Erklärung über die Bayerische Succeßionsangelegenheit.

Staatsbegeb. 1778. S. 928.

Beantwortung des Nachtrags zur Königl. Preußischen unterm 3. Jul. 1778. an Ihre hohe Mitstände des Reichs gerichteten Erklärung über die Bayerische Succeßionsangelegenheit. (Wien,) 1778.

Darinn wird die von Preussen zum Vorschein gebrachte Verzichts-urkunde Herzogs Albrecht von Oesterreich für elend bedungen, falsch und für eine Scarteque erklärt.

Ihrer Kayserl. Königl. Apostol. Mäjestät Gerechtsame und Maaßregeln in Absicht auf die Bayerische Erbfolge, in der wahren Gestalt vorgeleget, und gegen die Widersprüche des Berliner Hofes vertheidiget. Mit Beylagen. Wien, 1778. Sie ist auch der Preußischen Beantwortung ganz mit beygedruckt.

Der Innhalt bestehet darin: Preussen seye ein unversöhnlicher Feind von Oesterreich, suche die Oesterreichische Ansprüche in der verworrensten und gehäßigsten Gestalt vorzustellen, und mißbrauche dise Gelegenheit zu einem längstgewünschten Vorwand zu Erreichung seiner höchstbedencklichen Vergrösserungsabsichten. Nach-

Nachdeme darauf die Geschichte der Convention erzählt worden, heißt es: Es seye unbegreiflich, wie der Berliner Hof sich die Eigenschaft eines Garants des Westphälischen Fridens beylegen könne, und, daß er es thue, seye eine offenbare Beleidigung jener zween Höfe, denen diser Vorzug allein gebühre. Wann Oesterreich Eine Million mehr- und Pfalz so vil weniger-Einkünften habe, gehe die Reichsverfassung deswegen nicht über einen Haufen. Wann der Kayser selbst in Sachen von hohem Präjudiz nichts ohne das Reich vornehmen könne; so könne es noch weniger ein einzelner Reichsstand; das Reich habe sich auch noch nie über eine Gefahr wegen der Convention vom 3. Jan. beschwert; also seye der Preußische Gewalt ein Bruch des Land- und Westphälischen Fridens. Des Königs Alliirte seyen nicht zu den Waffen befugt; also der König noch weniger. Pf. Zweybrücken verlange nur, die Sache auf Reichsgesezmäßige Art beyzulegen; und Oesterreich wolle dises selbst. Die Chur-Sächsische Forderung gehe Oesterreich (in so weit es Sich nicht bereits erklärt,) nichts an, und die Mecklenburgische gar nicht: Das Preußische angegebene eigene Interesse streite gegen alles Ansehen der K. Königin, und seye mit der Aufrechterhaltung des Gleichgewichts im Reich unvereinbarlich. Um dises zu erhalten, habe man sich der Vereinigung der Anspach- und Bayreuthischen- mit den Churlanden widersezt, endlich aber Fridens halber, in jene Vertauschung bewilliget, ob sie gleich für Böhmen bedencklich seye, und Preussen doppelt so vil bekäme, als Oesterreich. Die Bayrische Craysverfassung bliebe nach wie vor; die Fränckische hingegen nicht. Die Churfürstlich-Albertinische Hausordnung seye ein allgemeines Gesez, welches ohne Bewilligung des Kaysers und Reichs nicht aufgehoben werden könne, und entweder bestehe die Preußische neue Hausconvention nicht, oder die Oesterreich- und Pfälzische ebenfalls, da zumalen nicht zu begreifen seye, daß des Königs Agnaten ohne Ueberraschung oder Drohung darein bewilliget haben sollten. Der König habe also bloß seine Vergrösserung zur Absicht. Die K. Königin habe dem König solche Vorschläge gethan, daß es nicht möglich seye, eine mehrere Mäßigung zu beweisen. Zweybrücken widerspreche selbst denen Chur-Sächsischen Forderungen. Dem König seye es um nichts weniger, als um die Rettung der Unterdrückten und Sicherstellung der teutschen Freyheit und Verfassung, sondern um seine

 eigene

eigene Vergrösserung zu thun gewesen. Wann der König auch ein Widerspruchsrecht hätte, könnte es der gesezmäßigen Entscheidung nicht entzogen werden; widrigen Falles seye es, nach dem Westphälischen Friden, ein Fridbruch. Der König habe sich bewegt und der Convention widersprochen, ehe Chur-Sachsen, Zweybrücken und Mecklenburg, sich an Ihn gewandt hätten, und durch die Vorstellung vom 9. Mart. seyen die anfängliche freundschafftliche Zweifel in förmliche Urtheilssprüche verwandelt worden. In der Antwort darauf aber habe man sich zu allen Mitteln, die allgemeine Ruhe zu erhalten, bereit bezeugt. In der Note vom 22. Apr. habe man Oesterreich und Chur-Pfalz mit Vorwürffen überhäufft, und mit unübersehlichen Folgen gedrohet. Der Kayser hätte in diser Sache so gut sprechen können, als Kayser Sigmund im Jahr 1429. und der Allodialstreit zwischen Sachsen und Pfalz seye nicht des Kaysers eigene Sache. Es gebe über dises auch Mannengerichte und Compromisse. In der Erklärung vom 10. Apr. habe keine Frage von der Gerechtigkeit der Oesterreichischen Ansprüche seyn können, (als welche vor dem Richterstuhl gehöre,) sondern: Ob ein einzelner Reichsstand selbige und einen getroffenen Vergleich als ungültig erklären könne? Es seye unbegreiflich, wie Preussen mehr bey der Bayrischen Erbfolge berechtiget seye, als die K. Königin. Preussen habe den Anfang mit Kriegsrüstungen gemacht. Der K. Königin darauf gethane Vorschlag zeuge von ihrem sehnlichen Verlangen, den allgemeinen Ruhestand zu erhalten. Die Hauptabsicht des Preußischen Gegenplans seye die Begünstigung Chur-Sachsens gewesen, weil Preussen schon lange gern die Lausiz hätte, und da es Anfangs nur ein Stück davon von gleichem Werth mit den Marckgrafthümern verlangt; so habe man nachhero die ganze Lausiz und noch einige Bezircke begehrt, ja so gar deren Besiz, gegen Zahlung einer jährlichen gewissen Summ Geldes an Chur-Sachsen, unter der Garantie von Oesterreich. Chur-Sachsen habe im Jahr 1776. seine Allodialansprache höchstens auf vier Millionen Thaler angeschlagen: Preussen aber habe für dasselbe etliche 30. gefordert, und gesucht, durch Vernichtigung der Oesterreichischen Ansprüche Pfalz mit der andern Hand zuzuwenden, was es mit der einen Sachsen geben wollen; selbst dem Kayser und Reich seye vorgeschriben worden, was sie hierzu beytragen sollen. Die Oesterreichi-

sche

sche Vorschläge seyen so deutlich und bestimmt gewesen, als es die Natur der Sache erlaube. Es wolle zum Besten von Chur-Sachsen seinem Rückfallsrecht auf die Bayrische allodial-Verlassenschaft entsagen, und es aus dem Oesterreichischen Antheil von Bayern, wann es da etwas zu suchen habe, befridigen. Die Mecklenburgische Forderungen gehen die K. Königin nichts an: Und Chur-Pfalz habe Sie die Böhmische Lehen wieder einraumen, auch ihren Lehens- und anderen Gerechtsamen über einige Bezircke entsagen wollen, wegen der übrigen Chur-Pfalz versprochenen Begünstigungen aber sich nicht namentlich herauslassen können, weil solche von einem künftigen Tausch abhangen. Die den 13. Jun. Oesterreich vorgelegte Fragen seyen inquisitorisch, höchst-erbittert und dictatorisch abgefaßt, auch theils schon beantwortet, theils zu beantworten ohnmöglich. Was Oesterreich von Bayern behalten oder zurückgeben wolle? zeige die Convention: Wegen eines Tausches habe man sich nicht anderst erklären können, als daß man entweder keinen- oder einen solchen eingehen werde, wie sich beyde Theile deswegen verstehen würden: Wegen der Vortheile für Chur-Pfalz habe man sich erklärt, und Sachsen seye man keine schuldig: Die Zumuthung, die Bayrische Erbfolge mit Preussen zu reguliren, seye die ausserordentlichste von der Welt: Sie gehe Preussen nichts an, und seye theils unter denen Interessenten, theils bey dem Kayser und Reich, auszumachen. Preussen habe selbst erkannt, wann Pfalz nicht mehr als 1300000. fl. verliehre, könne es Chur-Sachsen befriedigen: Nun seye es gewiß, daß der Oesterreichische Theil von Bayern nicht einmal so vil betrage. Bey disen Umständen habe man zwar zu erkennen geben müssen, daß, wann Preussen auf seinen Vorschlägen unabweichlich bestehe, alle gütliche Auskunft ohnmöglich seye, zugleich aber nochmals erklärt, daß man bereit seye, allen Interessenten in den Ordnungsmäßigen Wegen Gerechtigkeit wiederfahren- auch alles noch nicht gütlich berichtigte dem gesezmäßigen Erkenntniß- und Entscheidungsweg zu überlassen. Hierauf seye der Einbruch in Böhmen erfolgt; wodurch dem Richteramt vorgegriffen worden seye.

Was hierauf weiter folgt, gehet die Rechtsgründe an; auf welche ich mich hier nicht einzulassen gedencke.

Am Ende heißt es: Da die K. Königin bereit seye, allen Ihren Ansprüchen auf die Bayrische Erbfolge zu entsagen, und die Convention mit Chur-Pfalz wieder gänzlich aufzuheben; so fordere Sie hinwiederum alle Reichsstände auf, wie schon oben gemeldet worden ist.

Beantwortung des wesentlichen Innhalts der fernerweiten Vorstellung und Erklärung Sr. Königl. Majestät von Preussen an Ihre hohe Mitstände des Deutschen Reichs. Wien, 1778. 4.

Der Innhalt bestehet in Erzählung der Negotiationen zwischen Oesterreich und Preussen nach ausgebrochenem Krieg, und Rechtfertigung des Oesterreichischen Betragens dabey.

Betrachtungen über die Succeßionsordnung in dem Brandenburgischen Fürstenthümern im Fränkischen Kreise. (Wien,) 1778. Französisch, (eben daselbst,) 4.

Beantwortung der zu Berlin kund gemachten wahren Vorstellung der Erbfolgsordnung in dem Burggrafthum Nürnberg, oder in dem Brandenburgischen Fürstenthümern in Francken. Wien, 1778. 4.

Weil dise Schrifften nichts enthalten, so die Geschichte dises Krieges berühret; so übergehe ich auch deren Innhalt.

Unter denen privat-Schrifften werden für die wichtigste dise gehalten forderist die, welche, mit Vorbewußt des Hofes, von dem Hofrath von Schröter zu Wien verfertiget worden seyn solle:

Unpartheyische Gedanken über verschidne Fragen bey Gelegenheit der Succeßion in die von dem Churfürsten Maximilian zurückgelassene Länder und Güter. 1778. 4.

Es wird darin davon gehandelt: 1. Welche Chur nimmt die fünfte Stelle in Churfürstlichen Collegio ein, die Bayerische oder die Pfälzische? 2. Erläuterung des Oesterreichischen Patens bey der Besiznehmung einiger Bayerischen Lande. 3. Von denen Einwürffen dagegen. 4. Was es mit den K. Böhmischen Lehen in der obern Pfalz für eine Bewandtniß habe. 5. Von denen Einwürfen dagegen. 6. Erläuterung des Oesterreichischen Anspruchs auf Mindelheim. 7. Wem die Allodialverlassenschafft zufalle, und ob eine Regredienterbschafft statt finde? 8. Ob die Angabe der Bayrischen Landstände gegründet seye, daß Bayern nicht von einander getrennet werden könne? 9. Ob Chur-Pfalz befugt gewesen seye, über dise Succeßionssache einen Vergleich einzugehen? Ferner:

Ferner:

Die Rechte der Todtheilung in ihrer Würkung auf das jüngsthin erledigte Herzogthum Niderbaiern. Franckfurt und Leipzig, 1778. 4.

Staatsbegeb. 1778. S. 701.

Beantwortung der Betrachtungen über das Recht der Baierischen Erbfolge. 1778. 4.

Die Betrachtungen seynd mit beygefügt.

Staatsbegeb. 1778. S. 887.

§. 2.

Preußische Schrifften.

Exposé des Motifs, qui ont engagé sa Majesté le Roi de Prusse à s' opposer au Demembrement de la Bavière. Juillet 1778. 4.

Darauf folgte eine in einigem etwas anderst gefaßte Teutsche Uebersezung, unter dem Titul:

Sr. Königl. Majestät von Preussen und Churfürstl. Durchl. zu Brandenburg Erklärung an Ihre hohe Mitstände des Teutschen Reichs über die Bayerische Succeßions-Angelegenheit, und über die Ursachen, welche Höchstdieselbe nöthigen, sich der widerrechtlichen Trennung des Herzogthums Bayern zu widersezen. Nebst Beylagen und Beweisschrifften. Berlin, den 3ten Julii 1778. 4.

In diser Schrifft wird forderist der Hergang der Sache erzählt, und daraus geschlossen: 1. Der König habe Sich der Sache bloß angenommen, weil Er überzeugt seye, daß die Oesterreichische Ansprache völlig mit der Gerechtigkeit und den bestgegründeten Rechten der natürlichen Lehen- und Allodial-Erben streite, und die ganze Verfassung und Sicherheit des Reichs über den Hauffen werffen würde. 2. Er habe dennoch, um den Ruhestand im Reich und das gute Vernehmen mit dem Kayser- und K. Königlichen Hof zu erhalten, ganzer fünf Monath lang alle ersinnliche Mittel der gemäßigesten Vorstellungen angewendet, um einen gütlichen Vergleich zu erzilen. 3. Des Königs gethane Vorschläge seyen in Ansehung der Natur der Oesterreichischen Ansprüche vil zu vortheilhafft, und den Rechten des Hauses Pfalz vil zu nachtheilig; aber darum geschehen, weil durch die gar zu grosse Nachgibigkeit des Pfälzischen Hauses die Sache eine so nachtheilige Wendung bekommen habe, und in Hoffnung, Pfalz werde dem gemeinen Besten und Ruhestand des Reichs dises Opfer thun. 4. Daß man die Vereinigung der Bayreuth- und Anspachischen Lande mit den Brandenburdenburgischen Churlanden, und die Vertauschung derselben mit der Lausniz, mit-eingeflochten, seye bloß auf den Oesterreichischen Antrag, und ohne einige Absichten von Vergrösserung und eigenem Interesse, geschehen. 5. Der Wiener Hof habe alle Ihme gethane höchstvortheilhaffte Vorschläge verworffen, und nichts, als unbestimmte und dunckele Anträge gethan, durch welche die gar zu gefährliche Convention vom 3. Jan. bestehe, eine ungerechte Trennung von Bayern zu Grund lige, auch der Verlust von ganz Bayern zu besorgen seye, die Befridigung der Häuser Pfalz und Sachsen gänzlich dem Gutfinden des Wiener Hofes überlassen, auch der König von der weiteren Verhandlung in der Sache gänzlich ausgeschlossen würde; welches alles des Königs Würde, Verbindungen und Interesse zu nahe trette. 6. Der Wiener Hof habe die Unterhandlungen zu erst abgebrochen; folglich seyen Ihme die natürliche Folgen dises Bruches lediglich zuzuschreiben.

2. Werden so dann die vornehmste Grundsäze angeführt, wie der König das Recht der Bayrischen Erbfolge und der darüber entstandenen Streitigkeiten ansehe, ohne Sich doch eines Richteramts anzumassen. Solchemnach wird gehandelt 1. von dem Pfälzischen Succeßionsrecht in das Lehen von Bayern überhaupt, 2. von Niderbayern ins besondere; 3. von der Allodialverlassenschafft und dem Regredienz- oder Rückgangsrecht darzu; 4. von der Art, dise Streitigkeiten auszumachen; 5. von der Oesterreichischen Ansprache an Nider-Bayern; bey welcher Gelegenheit ausgeführet wird, daß, wann die Töchter im Lehen oder Erbe Succeßionsfähig wären, Preussen, als von der älteren Tochter Herzogs Albrechts von Oesterreich abstammend, ein eben so gutes, oder besseres, Recht darzu hätte, als die von der jüngeren Tochter herkommende K. Königin. 6. Wird von denen Böhmischen Lehen gehandelt, welche Chur-Bayern gehabt; 7. von Mindelheim; 8. 9. 10. von der Convention vom 3. Jan. Ungültigkeit; 11. von ihrer Uebertrettung durch Oesterreich; 12. von dessen Art, seine Ansprüche geltend zu machen; 13. von den Chur-Sächsisch- und Mecklenburgischen Ansprüchen, 14. von dem Betragen Ihro Kayserlichen Maj. in der Sache; 15. von des Königs in Preussen Recht, sich der Sache anzunehmen, und von seinem Betragen darinn; 15. wer der angreiffende Theil seye?

Schließlichen bittet der König die Reichsstände, dise ihre eigene Wohlfahrt und Sicherheit so sehr intereßirende Sache ernstlich zu beherziherzigen, und bald-möglichst dem Kayser und der K. Königin die nachdrücklichste Vorstellungen zu thun, damit die Bayrische Succeßion in ihren vorigen, den Rechten gemässen, Stand wieder gesezt, und zu rechtmäßiger Regulirung eingeleitet werde: Aber auch, da, nach dem bißherigen Vorgang, nicht vile Würckung davon zu hoffen seye, sich mit dem König zu vereinigen, daß man gemeinschafftlich die Maaßregeln ergreiffe, welche die Rechte der Natur und der Reichssocietät an die Hand geben, um die unrechtmäßige Zertrennung der Bayrischen Succeßion zu verhindern, den wahren und natürlichen Erben zu ihrer rechtmäßigen Erbschafft zu verhelffen, und dadurch die allgemeine Freyheit und Sicherheit so, wie auch die Erhaltung des Reichssystems gegen die ihme androhende grosse Uebermacht und Gewalt, ausser Gefahr zu sezen, auch etwa zu dem Ende den Beystand der beeden Garants des Westphälischen Fridens und der ganzen Reichsverfassung, wie auch anderer ansehnlicher Mächte, welche an der Erhaltung des Teutschen Reichs so vilen Antheil nehmen müssen, mit dem König gemeinschafftlich zu reclamiren und nachzusuchen.

Nachtrag zu der von Sr. Königl. Maj. von Preussen und Churfürstl. Durchl. zu Brandenburg den 3ten Julii 1778. an Ihre hohe Mitstände des teutschen Reichs gerichteten Erklärung über die Bayersche Succeßions-Angelegenheit. Berlin, 1778. 4.

Es werden darinn zwey bishero unbekannte Urkunden mitgetheilt; nemlich: 1. Herzogs Albrechts von Oesterreich, wodurch er allen Ansprüchen auf Nieder-Bayern entsagt. Geben Regensburg, 1429. 2. Kayser Sigmunds Lehenbrieffe für die Herzoge in Bayern über Nider-Bayern von 1426.

Antwort Sr. Maj. des Königs von Preussen auf die Erläuterungen Ihro Maj. der K. Königin über Ihre Forderungen an der Erbfolge in Baiern. Berlin, 1778. 8.

Es ist dises bloß die Beyl. 8. des Exposé &c. und führet im französischen den Titul:

Réponse detaillée de la Cour de Vienne du 7. de Mai 1778. servant d'Analyse du Memoire de la Cour de Berlin du 9. de Mars, avec la Replique de cette derniere Cour à cette Analyse.

Abgenöthigte einstweilige Vorlegung der jezigen Lage der Bayrischen Erbfolgsstreitigkeiten. 1778. 4.

Der

Der Hauptinnhalt gehet dahin: Wann Oesterreich seine Ansprüche Ordnungsmäßig erwisen hätte, wäre man wegen der Reichsverfassung nicht besorgt gewesen. So aber habe man zwar vil vom Weg des Rechtens und der Güte gesprochen, jedoch statt deren eine seltsame Convention erzwungen, welche nicht bestehen könne. Der König habe dises zu Wien vorgestellt; statt freundschafftlicher Erklärungen aber habe man sich zum Krieg gerüstet, welches eben dergleichen Gegenanstalten veranlasset habe. Kayser Sigmung habe im Jahr 1426. erkläret, daß er in diser eigenen Sache nicht selbst Richter seyn könne; man gewärtige von Kayserlicher Maj. ein gleiches, und daß vor allem die Bayrische Erbfolge wieder in den vorigen Stand gestellet; alsdann aber der Weg der Güte, oder des Rechts vor der Reichsversammlung, oder einem anderen Austragsgericht, eingeschlagen werde; indessen falle der Vorwurff des Angriffs auf den, der die Fehde angefangen. Man bedaure, daß Oesterreich auch die leztere gütliche Unterhandlungen durch seine unthunliche Vorschläge fruchtlos gemacht habe. Herzog Albrechts von Oesterreich Verzichtsurkunde solle nächstens gegen alle bißherige Antastungen probhaltend gerettet werden: Und da der Kayser Friderich III. nebst den Ständen, schon zum Voraus alle künfftige Brandenburgische Hausverträge bestättiget hätte; so habe der König einen solchen, mit Zufridenheit aller Interessenten wohl schliessen können.

Sr. Königl. Majest. von Preussen fernerweite Vorstellung und Erklärung an Ihre hohe Mitstände des Teutschen Reichs über das widerrechtliche und Fridensstörerische Verfahren Ihro Majestät der Kayserin, Königin von Ungarn und Böhmen in Ansehung der Bayrischen Erbfolge. Mit Beylagen. Berlin im Octobermonath 1778. 4.

In derselbigen wird forderist die Geschichte der neuesten Negotiationen erzählt, so dann die Oesterreichische Vorschläge noch weiters geprüfet und verworffen, die Preußische dagegen gerechtfertiget, und zulezt also geschlossen: Da der Kayser und die Kayserin-Königin (die bey disem ganzen Vorfall offenbar einerley Person vorstellen,) sich, unter dem Schein einer offenbar grundlosen Prätension, und einer abgezwungenen, auch sonst niemals zu Rechtbeständigen, Convention, in die Ihnen ganz fremde Bayrische Erbschafft gedrungen; da Sie, ohne vorhergegangenes rechtliches Erkenntniß, Sich durch die Macht der Waffen in den Besiz von Bayern gesezt; da Sie öffentlich zum Voraus

aus verkündigen, Sich jederzeit der rechtmäßigen Erbfolge des Churhauses Brandenburg in dessen Fränckischen Fürstenthümern widersezen zu wollen; so haben Sie durch alle dise Vorgänge den Ruhestand von Teutschland zuerst gestöhret, und Sich eines offenbaren Bruchs des Land- und Westphälischen Fridens schuldig gemacht: Der König in Preussen habe also die Waffen nicht zuerst ergriffen; Er seye, als Chur- und Reichsfürst, und als Contrahent des Westphälischen Fridens und aller Reichsgeseze, (welche Eigenschaft die Garantie derselben allerdings mit sich bringe,) vollkommen berechtiget, dem von dem Wiener Hof ausgeübten Landfridensbruch, und der durch Gewalt und andere widerrechtliche Mittel geschehenen Trennung von Bayern, durch den gleichen Gebrauch der Waffen zu begegnen, um, wo möglich, die verlezte Rechte der unterdrückten Reichsfürsten, seiner Freunde und Bundsgenossen, zu retten. Der König erwarte und verspreche Sich von der Einsicht und den patriotischen Gesinnungen seiner Mitstände so wohl, als der Garants des Westphälischen Fridens, daß sie sich von dem Grunde alles obigen werden überzeugt- und dadurch bewogen finden, mit dem König gemeinsame Sache zu machen, um den Wiener-Hof, nicht allein durch Vorstellungen, sondern auch durch nachdrücklichere Mittel, dahin zu bringen, daß Er die Bayrische Erbschafft den natürliche Erben gänzlich überlasse, und sich nicht weiter anmasse, dem Churhause Brandenburg die ihm allein zustehende freye Disposition über die Erbfolge seiner Länder in Francken streitig zu machen; welches das wahre Mittel seye, den von dem Wiener-Hof gestöhrten Ruhestand des Teutschen Reichs völlig wieder herzustellen. Der König hoffe, daß die Reichsstände nicht länger Anstand nehmen würden, sich darüber, und über die ganze Bayrische Erbschafftsangelegenheit, in der Reichsversammlung patriotisch zu erklären.

Abgenöthigte Anzeige einiger neuen und wichtigen Umstände, welche die Angelegenheit der Bayrischen Erbfolge, besonders den Ursprung der Convention vom 3. Jänner 1778. und die Verhandlungen Sr. Königl. Maj. von Preussen mit des H. Herz. zu Pfalz-Zweybrücken Durchl. erläutern. Mit Beylagen. Berlin, im December 1778. 4.

In derselbigen wird 1. das Schreiben des Churfürstens von Pfalz an den Herzog von Zweybrücken vom 22. Jan. 1778. bekannt gemacht; 2. von denen Oesterreichischen Absichten auf Bayern in älteren und neuesten Zeiten einiges gemeldet; so dann 3. die Geschichte der Convention vom 3. Jan. erzählt; 4. eine „historische Nachricht von der Negociation des Berliner Hofes mit dem Herzog von Zweybrücken über die Bayerische Erbfolge“ beygefügt.

Der Schluß gehet dahin: Der König hoffe, Oesterreich werde nun von seinen ungegründeten Prätensionen abstehen, oder wenigstens Pfalz wieder in den Besiz kommen lassen, alsdann aber sich als Kläger, im Weg Rechtens melden, wann vorher durch gütliche Einverständniß aller Interessenten, oder durch eine Decision des gesamten Reichs, vestgesezet worden seye, vor welchen Richtern, und auf welche Art und Weise, dise so wichtige, das Wohl und den Ruhestand des ganzen Reichs so nahe angehende, Rechtssache untersucht und abgeurtheilt werden solle; indeme Kayserl. Majest. nicht verlangen würden, daß eine Sache, darinn Sie und Ihr Haus Parthie seyen, von den gemeinen Gerichtsstellen, die unter Ihrem Vorsiz und Influenz stehen, entschiden werde.

Abfertigung der vom Kayserl. Königl. Hofe geschehenen Beantwortung des Nachtrags rc. rc. Nebst Beylagen. Berlin, im December-Monath, 1778. 4.

Es wird gemeldet: Die Verzichtsurkunde Herzog Albrechts von Oesterreich habe man von des verstorbenen Reichshofraths, Freyhrns. von Senckenberg, Sohn erhalten, der sie selber aus dem Original abgeschriben habe; welches auch von dem noch lebenden Chur-Bayrischen geheimen Registratore Schmidt öfters geschehen seye. Ferner seynd beygefügt: 1. Eine gründliche Widerlegung unerfindlicher Bedencken über die Verzichtsurkunde Herzogs Albrechts V. von Oesterreich, und 2. ein fernerer Nachtrag, darinn die Bayrische Erbfolgsgeschichte ganz kurz zusammengefaßt ist.

Wahre Vorstellung der Erbfolgeordnung in dem Burggrafthume Nürnberg, oder in den Brandenburgischen Fürstenthümern in Franken. Berlin, 1778. 4.

Anmerkungen zu den jüngsthin herausgekommenen so genannten Betrachtungen über die Succeßions Ordnung in den Brandenburgischen Fürstenthümern, im Fränckischen Creise. (Berlin,) 1778. 4.

Des Königl.-Preußischen Hofes Beantwortung der in Druck herausgekommenen und hier gegenüber stehenden Hauptschrifft, welche den Titul

Titul führet: „Ihrer Kayserl. Königl. Apostol. Majestät Gerechtsame 2c. 2c. Mit Beylagen. Berlin 1778. 4.

Der Hauptinnhalt ist diser: Preussen habe sich in der Röm. Königswahl und der Modenesischen Succeßion dem Wiener Hof gefällig erzeigt, auch den Vergrösserungen Oesterreichs an so vilen Orten, welche Staatskundigen nicht unbekannt seyen, (Polen,) besonders in der Bukowina, der Grafschafft Hohenems, und sonst, geruhig zugesehn, biß solches es mit Bayern so weit getriben, daß man es ohne die gröste Gefahr der Selbsterhaltung nicht länger habe gestatten können. Der König suche nichts für Sich, sondern seze alles auf die Spize, um Unrecht zu wehren, habe auch deßwegen die von Oesterreich angebotene Vortheile ausgeschlagen.

Nachdeme ferner eine andere Geschichte der Convention vom 3. Jan. aufgestellet worden, heißt es: Jeder Contrahent eines Tractats seye auch ein Garant desselben: Der Osnabrückische Frid Art. 17. §. 6. 7. erkenne alle Reichsstände dafür, und der Hubertsburger Fride Art. 19. gebe Preussen dißfalls ein besonderes Recht in Ansehung Oesterreichs. Oesterreich wolle ohne einiges Recht ein Land von 1. Million wegnehmen, und noch eines von 1. Million eintauschen, da es in wenig Jahren 4. Millionen Einkünfte mehr, Pfalz aber um so vil weniger hätte. Oesterreich spreche sich selbst das Urtheil, da es in diser wichtigen Sache ohne Wissen, Rath und Willen des Reichs verfahren seye. Nach dem Osn. Frid. Art. 17. §. 6. dörften auch einzelne Reichsstände die Waffen zu Abwendung Unrechts ergreiffen: Und Oesterreich habe sich des Fridensbruchs zu erst schuldig gemacht. Pf. Zweybrücken und Chur-Sachsen hätten mehr Befugniß, sich bey ihrem Recht mit Gewalt zu schüzen, als Oesterreich, sie darin zu stöhren. Es seye nicht genug, sich zu einer Gesezmäßigen Beylegung zu erklären, sondern die Erbschafft müsse auch wieder in den vorigen Stand gestelt und wegen eines unpartheyischen Richters sich mit denen Interessenden verglichen werden. Chur-Sachsen halte sich an das Erbe und die Lehenerben; so lang also Oesterreich dise spoliire, könne auch Chur-Sachsen die Waffen gegen dasselbige führen: Und Mecklenburg fordere Gerechtigkeit von der K. Königin Mitregenten. Oesterreich spotte, wenn es bey seiner fast dreyfachen Uebermacht von einer Gefahr des Gleichgewichts im Reich spreche: Andere Crayse hätten nicht über die Preußische Macht zu klagen;

also werde auch der Fränckische keine Ursach darzu bekommen. Es seye eine neue Art, das Gleichgewicht in Teutschland zu erhalten, daß, wann Brandenburg etwas erbe, Oesterreich auch ein gleiches bekommen müsse, es möge ein Recht darzu haben oder nicht. Wann Oesterreich Bayern und das Salzmonopolium behielte, würde Francken mehr von Oesterreich zu fürchten haben, als von Preussen. Oesterreich habe sich bloß aus Rache der Wiedervereinigung besagter Lande widersezt, weil man das ihme gar zu wohl gelegene Bayern nicht habe aufopfern lassen wollen. Der Vergleich des Ertrags des von Oesterreichs verlangten Stücks von Bayern und der Fränckischen Marggrafthümer seye falsch. Die Oesterreichische Macht würde, auch ohne das Craysdirectorium, aus vilen Ursachen, ungemein vermehrt; die Preußische hingegen, auch mit dem Craysdirectorio, aus vielen Ursachen, nicht. Kein Brandenburgischer Prinz klage über eine widerrechtliche Veränderung der Hausverträge, und da Oesterreich so oft seine Einwilligung darzu angeboten; so müsse sie nicht zum Nachtheil des Kaysers und Reichs gereichen, sondern man wolle nur dadurch seine Vergrösserungsabsichten auf Bayern bedecken und befördern. Kayserl. Bestättigungen der Hausverträge machen sie zu keinem Reichsgesez, und wann der Kayser den Reichsständen die Macht beschräncken wolle, neue dergleichen Verträge einzugehen, handle er wider seine Capitulation. Oesterreich führe also eine ungerechte Vergrösserung nicht nur im Schild, sondern usurpire sie schon würcklich. Die Oesterreichische Vorschläge seyen nichts weniger als gemäßigt gewesen, und erst nachhero, als es gewiß gewesen, daß der König sich der Fränkischen Erbfolge nicht begeben werde, habe es auf eine verlohrene Art zu verstehen gegeben, daß es dagegen auf seine ganze Ansprach auf Bayern habe Verzicht leisten wollen. Der König habe nur geschehen lassen, daß von der Fränckischen Erbfolge gehandelt werde, und seye von der Austauschung der Lausiz gleich abgestanden, so bald Chur-Sachsen sich nicht geneigt darzu bezeugt habe. Zwischen Pf. Zweybrücken und Chur-Sachsen habe sich der König neutral gehalten. Aus unerwisenen Säzen ziehe man nachtheilige Folgen von den Absichten des Königs, und, um von einem allgemein mißbilligten Schritt mit Ehren wieder zurück zu kommen, wolle man auf eine zweydeutige Weise sich einer ganz fremden Erbschafft begeben, wann Preussen seiner eigenen rechtmäßigen Erb-

Erbschafft entsage. Oesterreich habe seinen Anspruch selbst nicht durch einen Gesezmäßigen Weg ausgeführt, sondern sich durch eine mit List und Gewalt erzwungene Convention in den Besiz des besten Theils der Erbschafft gesezt, und den natürlichen Erben den mißlichen und leidigen Weg Rechtens in Petitorio überlassen wollen, dadurch aber dem König das Recht gegeben, sich des Osn. Fridens Art. 17. §. 5. 6. zu bedienen, ohne, gegen alle Klugheit, drey Jahr mit Abmahnungen zuzubringen, und dadurch dem Wiener-Hof Zeit zu lassen, sich in Bayern festzusezen, und noch mehr Kräfften zu sammlen, Brandenburg zu unterdrücken. Nicht Zweybrücken seye schuldig, sein Recht darzulegen, sondern Oesterreich müsse, wann es vorher Pfalz wieder in seinen Besiz hergestellet habe, klagen. Chur-Sachsen habe sich schon im Januario, ehe Preussen zu Wien die erste Vorstellung gethan, Zweybrücken und Mecklenburg aber in der Mitte des Februarii, bey dem Könige gemeldet, und er wäre auch ohne dises befugt gewesen das Gleichgewicht, nebst der Sicherheit und Ruhe des Teutschen Reichs, erhalten zu helffen. In der Vorstellung vom 19. Mart. seye bloß eine anständige Freymüthigkeit, doch mit aller Mäßigung, und ohne Beleidigung, befindlich: In der Antwort darauf habe man erklärt, daß man einen Mitstand, der sich der Oesterreichischen Erwerbung widersetzen wollte, bekriegen würde. Die Beschuldigungen, so Oesterreich dem Könige gemacht, seyn gewiß ungleich mehr beleidigend, ob gleich weniger gegründet. Kayser Sigmund habe im Jahr 1426. selbst die Churfürsten aufgefordert, um nicht in seiner eigenen Sache zu sprechen; der jezige Kayser aber Sich an die Spize der Armee gestellt, um seine Ansprüche, vor deren Erörterung, mit den Waffen zu behaupten. Ob Er zwischen Sachsen und Pfalz Richter seyn könne? werde sich zeigen, wann Er Sich der Bayrischen Erbschafft ganz begeben habe. Mannengerichte und Compromisse müßten mit Einwilligung der Interessenten angeordnet werden. Der König seye, auch als ein einzelner Reichsstand, befugt, sich der Vergewaltigung eines Mitstandes zu widersezen, und wann Oesterreich geglaubt hätte, Recht zu haben, hätte es damit vor dem Publico herausgehen, und sich nicht mit Nebenumständen aufhalten sollen. Wann K. Sigmunds Lehensbrief gültig wäre, hätte der König, als Descendent von der ältesten Tochter, allerdings ein mehreres Recht, als die K. Königin. Es seye bereits eine Oesterreichische

Armee nach Bayern marschiert, ehe sich von den Preußischen Truppen noch ein Mann gerühret habe. Der Oester. Antrag vom 1. Maj. nehme 1. den gefährlichen und widerrechtlichen Grundsaz an: Daß keiner der beyden Höfe sich durch einen neuen Zuwachs vergrössern könne, ohne daß der andere gleichfalls einen Vortheil erhalte, 2. er gestehe, daß dise Convenienz der Ursprung und die Triebfeder aller Oesterreichischen Demarschen gegen Preussen seye: Der Rechtspunct aber werde nur als ein Nebengrund behandelt, und die Rechte der Häuser Pfalz und Sachsen gar hintangesezt. In dem Preußischen Gegenplan habe man keine Vorliebe für Chur-Sachsen gezeiget. Es lasse sich noch streiten: Ob die Vertauschung der Lausiz für Preussen, Oesterreich und Chur-Sachsen vortheilhafft oder nachtheilig wäre? Man habe über die Lausiz noch etwas fordern müssen, weil die Fränckische Marckgrafthümer mehr tragen; das angegebene hätten die Preußische Ministers gewiß nicht gesagt, wohl aber Andere auf einen gleich würcklichen Tausch zwischen Chur-Sachsen u. Brandenburg Anspach 2c. angetragen: Preussen seye aber von disem ganzen Tausch gleich wieder abgestanden. Oesterreich habe kein Recht nur zu einem Dorf gehabt, aber doch, Fridens halber, die Helfte der mit Unrecht weggenommenen Lande behalten sollen, gegen ein nicht halb so vil eintragendes Aequivalent, und einiger nichts eintragender, zum Theil streitiger, Lehensrechten Entsagung. Der Wiener-Hof scheine den Austausch der Lausiz in Vorschlag gebracht zu haben, um entweder Ihn zu Begünstigung seiner Absichten zu gewinnen, oder, wann es fehlschlüge, den König eines Eigennuzes verdächtig machen zu können. Der Vorschlag wegen der Reichslehen seye geschehen, um Frid zu erhalten, und schon der Wiener Hof selbst habe Chur-Pfalz Hofnung zu den Reichslehen in Bayern gemacht. Oesterreich habe kein Rückfallsrecht auf die Bayrische Allodialverlassenschafft, und kein Recht an Bayern; könne also auch Chur-Sachsen (welches sich nicht an einen unbefugten Particular-Prätendenten, sondern an die wahre Lehensfolger, halte,) nicht daraus befridigen. Wegen Mecklenburg habe man nur die Oesterreichische Concurrenz auf dem Reichstag verlangt. Böhmen seye ohnehin schuldig, seine Lehen Pfalz zu lassen, und die Lehenrechte auf einige Bezircke in Sachsen seyen von keinem Gewichte. Der weitere Tausch zwischen Oesterreich und Pfalz zile vilmehr dahin ab, Pfalz

die

die unschäzbare Salzwercke zu entziehen, und die fruchtbarste Bezircke von Bayern gegen schlechtere und zerstreute Stücke in Schwaben auszutauschen. Der Antrag vom 13. Jun. enthalte bloß offenherzige, anständige und Zweckdienende Aeusserungen. Da Preussen die Convention mit Chur-Pfalz nicht erkennen könne noch werde; so seye die Beruffung darauf keine zureichende Antwort gewesen: Chur-Pfalz hätte ohne Zweybrücken keinen Tausch eingehen können; Krieg zu verhüten, habe Preussen einen Tausch vorgeschlagen, Oesterreich aber nicht angenommen: Die Chur-Pfalz anerbotene Vortheile haben Pfalz-Zweybrücken nicht zufriden stellen können; und Chur-Sachsen habe von Oesterreich nichts verlangt, als nur, die Bayerische Erbfolge in ihrer Wesenheit zu lassen. Das Preußische Ansinnen, sich mit Ihme wegen der Bayerischen Erbfolge zu vergleichen, seye nicht ausserordentlicher, als daß Oesterreich selbige mit Chur-Pfalz, zum Nachtheil von Zweybrücken und Chur-Sachsen, ausmachen wolle: Preussen habe die Interessenden nicht vom Vergleich ausschliessen wollen, und selbst verlangt, das, was für den Kayser und das Reich gehöre, dahin zu bringen, worzu der Kayserliche Hof aber bißhero noch keinen Schritt gethan habe: Was man auch dißfalls vorläuffig veradredet hätte, wäre sodann dem Kayser und Reich zur Genehmigung vorgelegt worden. Niemalen habe Preussen Oesterreich ein Voraus von 1. Million oder 1300000. fl. zugestehen wollen; und man wisse gewiß, daß der in Besiz genommene Theil würcklich vil mehr betrage, und bey einer mittelmäßigen Verwaltung noch vil mehr tragen könnte; zumal wann die Ständische Einkünfte dermaleins mit darzu gerechnet würden: Nachdeme aber Oesterreich die endlich den 24. Jun. von sich gestellte schrifftliche Erklärung gethan, seye dem König nichts übrig gebliben, als dem von dem Wiener-Hof in Bayern ausgeübten Gewalt in Böhmen eben so zu begegnen: Die K. Königin seye nicht mehr als Parthie und Reichsstand; könne also Niemand Gerechtigkeit wiederfahren lassen: Und wann Sie den Bayrischen Besizstand stöhre, müsse Sie leiden, daß die Sache auch mit Gewalt wieder in ihren gesezmäsigen Stand gestellet werde. Warum habe die K. Königin den gesezmäßigen Weg nicht zuerst eingeschlagen und abgewartet, sondern Chur-Pfalz, wie es selbst bezeuge, die Convention mit Gewalt abgedrungen und dem Richteramt vorgegriffen?

Was

Was sodann weiter von Rechtsgründen folget, übergehe ich hier.

Am Ende wird das Oesterreichische Gesuch gerade gegen dises Haus retorquirt.

Des Königlich Preußischen Hofes abgenöthigte Gegenantwort auf die zu Wien im Druck heraus gekommene und hier gegenüber stehende Beantwortung des wesentlichen Innhalts der fernerweiten Vorstellung und Erklärung Sr. Königlichen Maj. von Preussen an Ihre hohe Mitstände des Deutschen Reichs über die Bayrische Successions-Angelegenheit. Berlin, im Jänner, 1779. 4.

Es werden darinn Anmerckungen über die Geschichtserzählung der Braunauischen Handlungen gemacht, und die Rechtfertigung des Oesterreichischen Betragens dabey zu widerlegen gesucht.

Behauptete wahre Vorstellung der Erbfolgordnung in dem Burggrafthum Nürnberg, oder in den Brandenburgischen Fürstenthümern in Franken. Berlin im Monat Jänner 1779. 4.

Unter denen Privatschrifften stehet oben an: Betrachtungen über das Recht der Bayrischen Erbfolge. Berlin.

In dem K. Preußischen Exposé wird sich *p.12.* selbst auf dise Arbeit bezogen; doch dabey gemeldet, daß es eine Privatschrifft seye.

Ferner:

Beleuchtung und Erörterung der Erzherzoglich-Oesterreichischen Ansprüche auf Niederbayern und andere Theile der Churbayerischen Verlassenschafft. 1778. 4.

Der 1ste Abschnitt handelt von dem ächten Grund aller Erb- und Lehensfolge in den Allodien und Lehen des Reichs; der 2te, von der Erb- und Lehensfolge und den Theilungen des Wittelsbachischen Hauses in dem Herzogthum Bayern; der 3te von dem Erb- und Lehensfolgerecht der Pfalzgrafen am Rhein in Ober- und Niederbayern, in der Obern Pfalz ꝛc. der 4te, Beleuchtung und Erörterung der Oesterreichischen Ansprüche auf Niederbayern, und andere Theile der Churbayerschen Verlassenschafft; der 5te von den eröffneten Reichslehen und der Regredient Erbschaft. Endlich folget noch ein Anhang zum 4ten Abschnitt,

Staatsbegeb. 1778. S. 898.

§. 3.

Chur-Pfälzische Schrifften.

Kurzer doch gründlicher Widerspruch der so betitelt-bestgegründeten Ansprüche an die Bayerische Verlassenschafft. 4.

Der

Der Churfürstin zu Sachsen den 12. Jun. 1747. beschworener Verzicht solle, (nach diser Schrifft,) alle Chur Sächsische Allodialansprüche (ausser denen in den Verträgen von 1766. und 1771. gegründeten,) um so mehr tilgen, als sie keine Tochter oder Notherbin des letzten Churfürstens in Bayern seye, mithin es bey denen Verträgen von 1766. u. 71. sein Bewendens habe, auch sonst mehr Vermuthung für das Lehen, als das Allodium seye. Chur-Pfalz seye durch das constitutum Possessorium in den Mitbesiz gekommen, habe auch nach dem Tod des Churfürsten den ruhigen alleinigen Besiz ergriffen. Die Verträge bestimmen, was unter dem Allodio zu verstehen, und was für Schulden davon abzuziehen seyen; dadurch fallen die 13. Millionen wegen der obern Pfalz von selbst weg, die auch noch besonders im Westphälischen Friden zernichtet werden. An dem Verzeichniß der Mobiliarverlassenschafft werde mit ohnausgesezter Fleiß gearbeitet. Es geben sich aber zu dem Allodio auch Creditoren von vilen Millionen an; Chur-Pfalz wolle allen Interessenten Justiz und möglichste Beförderung widerfahren lassen, auch das äusserste thun, mit einem so nahe verwandten Hof eine gütliche Ueberkunfft zu treffen.

Rett- und Vertheidigung des Chur-Pfälzischen Widerspruchs der Chur-Sächsischen Ansprüche an die Bayrische Allodial-Verlassenschafft. 1779.

In diser privat-Schrifft werden 14. denen Pfälzischen Gründen Sächsischer Seits gemachte Einwürfe beantwortet, und dises Churhauses Anforderungen starck bestritten; welche überhaupt dadurch einen grossen Abbruch leiden sollen, da die Schulden der Bayrischen Verlassenschafft auf mehr als 24. Millionen belauffen; ohne das, was die Landschafft unter den vorigen Regierungen an Capitalien und Interesse bezahlt habe, und 38. Millionen betragen solle; dahero sie bey der Allodialverlassenschafft als der älteste und stärckste Creditor zu erscheinen habe; durch dessen Schuldforderung die Chur-Sächsische Allodialansprüche verschlungen würden.

Ob folgendes eine ganz oder halb-öffentliche- oder blosse Privatschrifft seye? weiß ich nicht:

Kurze ohnpartheyische Gedanken über die Kursächsische Ansprüche an die Bajerische Allodialverlassenschafft. 1778. 8.

Man spricht Chur-Sachsen alles ab, was die neueste Hausverträge nicht enthalten, welche man gar wohl habe machen können.

§. 4.

Chur-Sächsische Schrifften.

Kurze Vorstellung des von Ihro Churfürstlichen Durchl. zu Sachsen in Ansehung der Bayerischen Allodial-Verlassenschafft beobachteten Verhaltens, und der daraus mit Ihro Majestät dem König von Preussen entstandenen Verbindung. Dreßden, 1778. 4.

Und französisch, unter dem Titul:

Exposition succincte de la Conduite, que Son Alt. Ser. Elect. de Saxe a tenue à l'égard de la Succession allodiale de Bavière, & des Engagemens, qui en sont derivés entre Elle & Sa Maj. le Roi de Prusse.

Es wird darinn erzählt, wie Chur-Sachsen sich in diser Sache bißhero betragen habe, und so dann angemerckt: Kayserl. Maj. könnten und würden in diser mit dem Interesse Ihres eigenen Hauses so genau verbundenen Sache, wo in Dero Person den Richter von der Parthie zu unterscheiden unmöglich falle, nicht selber richten wollen und können; zumalen da Oesterreich in der Convention vom 3. Jan. bereits Chur-Pfalz, auch in Ansehung des Erbes, allen Beystand, auch bey dem Kayser und Reich versprochen habe: Die K. Königin aber habe Sich weder gegen Preussen noch Chur-Sachsen wegen der Allodial-forderung herauslassen wollen: Chur-Sachsen habe also die Mittel, für seine Sicherheit zu sorgen, um so mehr ergreiffen müssen, als es sich doch bey disen Troublen nicht würde haben erhalten können, auch als Churfürst und Reichsstand sich nicht zu entbrechen vermöge, an denen zu Aufrechterhaltung der Geseze und der Teutsch. Reichsverfassung genommenen Maaßreglen Theil zu nehmen: Endlich würde sich der Churfürst bey seinem eigenen Hause einer Verantwortung ausgesezt haben, wann er so gegründete Ansprüche hätte aufgeben wollen. Er habe also ein Corps seiner Trouppen zu denen Preußischen stossen lassen. Oesterreich habe mit Feindseligkeit den Anfang gemacht. Chur Sachsen hoffe, alle Mächte, denen an Erhaltung der Teutschen Reichsverfassung gelegen seye, besonders alle Reichsstände, werden ihre Bemühungen dahin vereinigen, damit die ausgebrochene Zwistigkeiten, auf eine dem Reichssystem und denen Bayrischen Erbsinteressenten völlig angemessene Art erledigt werden mögen.

Ihro Churfürstlichen Durchl. zu Sachsen rechtsbegründete Ansprüche an die Bayrische Allodialverlassenschafft; mit Beylag. Dresd. 1778.

Es heißt davon in einem öffentlichen Blatt:

Ihr Hauptinnhalt besteht in Erörterung folgender vier Punkte: I. Ob das Lehn vom Erbe abzusondern sey? Und dise Frage wird dahin entschieden, daß allerdings zwischen beyden ein Unterschied zu machen sey, und ersteres, in so fern es Eigentliches oder Mannlehn wäre, dem Lehnsfolger, letzteres aber nebst den dazu gehörigen Erb- und Weiberlehn dem überlebenden Weibesstamm, oder demjenigen, welchem die nächstgesippte Prinzessin ihre Rechte abgetretten hätte, zu überlassen gewesen wäre; womit denn auch sowohl die Lehn- als gemeine Rechte, auch die Pfalz- und Bayerische Hausverträge übereinstimmten. II. Worinnen eigentlich das Bayerische Erbe bestehe? Hierunter rechnet man vorläufig: 1. Die neuere Erwerbungen des Hauses Bayern, auch selbst 2. einen grossen Theil der Reichslehen, welche ausdrücklich zu Erblehen und auf alle Erben und Nachkommen verliehen worden sind; ferner 3. die mit Lehnstücken gar nicht untermengte Erb- und Eigenthumsgüter; hernach 4. in den alten und neuen Mannlehnbaren Landen selbst sowohl die Verbesserungen aller Art, als auch die Nutzungen des letztern Jahres; ausserdem noch 5. alle bewegliche Güter und fahrende Habe; endlich 6. alle inn- und ausserhalb Landes ausstehende Schuldforderungen. Deme noch beygefügt wird, daß nach vorläufigen Schätzungen und Nachrichten allein die Ludovicianische neue Erwerbungen, (wovon aus Mangel der Archivalurkunden viles gar noch nicht bekannt sey,) 47. Millionen Gulden betrügen. III. Wer unter den weiblichen Nachkommen für den rechtmäßigen Allodialerben zu achten sey? Hier wird nicht nur der Vorbehalt in den weiblichen Verzichten dahin erläutert, daß ihnen auf den künftigen Fall, wenn kein Mannserbe mehr am Leben seyn würde, der erbliche Zutritt zu allem dem, dessen sie sich verziehen, dergestalt vorbehalten seyn sollte, daß diser Verzicht sie und ihre Erben alsdenn nicht weiter binde; sondern es wird auch aus dem Bayrischen Herkommen erwiesen, daß, so oft eine weibliche Erbfolge statt gefunden habe, selbige allemahl derjenigen Prinzeßin, die mit dem letztverstorbenen Besitzer zunächst verwandt gewesen, und ihren Erben angefallen sey. IIII. Was in Verfolg gedachter Erbgerechtsame gethan worden sey? Hier werden alle fruchtlose Bemühungen angeführt, welche Se. Churfürstl. Durchl. von Sachsen sowohl bey dem Münchner als Wiener Hofe vilfältig angewandt hätten, um in der Güte zu dem Genuß des Ihrigen zu gelangen. Da nun auch die in Berlin gepflogene Unterhandlungen ohne Erfolg gewesen, von den Oesterreichischen Trouppen aber bereits im Monat Junius und Julius mancherley Feindseligkeiten in der Oberlausiz ausgeübt worden seyen, so wäre des Herrn Churfürsten Durchl. zur Sicherheit ihrer Lande nichts anders mehr übrig gebliben, als das freundschaftliche Anerbieten Sr. Königlich Preußischen Majestät: Ihnen Beystand und Unterstüzung wiederfahren zu lassen, mit Dankbarkeit und Vertrauen anzunehmen, auch ein Corps ihrer Trouppen zu den Königl. Preußischen stossen zu lassen. Doch blieben Sie noch allemahl bereit, jedem billigmäßigen Abkommen die Hände zu bieten; daher Sie auch gegen sämtliche Stände des Reichs das angelegentlichste Ersuchen wiederhohlten, ihre Berathschlagung und würkliche Hülfsleistung dahin zu vereinigen, damit die wegen des Bayrischen Nachlasses ausgebrochene Zwistigkeiten eine, sowohl überhaupt dem Reichssystem, als insonderheit den Rechten der Interessenten hinlänglich angemessene Erledigung erhalten möchten.

Dabey ist noch des wichtigen in diser Schrifft auch mit enthaltenen Umstandes nicht zu vergessen, daß (schon Cap. 2. angemerckter massen,) der Churfürst von Bayern selbst Chur-Sachsen ein Verzeichniß seiner Allodialverlassenschafft habe mittheilen lassen; dessen Berichtig- und Ergänzung aus den Chur-Bayrischen Archiven sich hier vorbehalten wird. Zu dem Allodio gehörten auch: Mindelheim, die Pfleg Donauwörth, Hohenschwangau, Wisensteig, Hals, Heag und Cham, (da in solchen das wenigste, und öffters nur der Blut und Wildbann, nebst dem Zoll, Reichslehenbar seye,) Leuchtenberg, in so weit es nicht Reichsmannlehen seye, und besonders auch die 13. Millionen wegen der obern Pfalz.

Anmerkungen über das von dem Herzog zu Zweybrücken dem an den Churfürsten zu Sachsen unterm 21. Maj. erlassenen Schreiben angefügte pro memoria vom 16. Maj. 1778. 4.

Der

Der Hauptinnhalt ist: 1. Pfalz habe sich selbst, nach Absterben Herzogs Georgs des Reichen in Bayern, mit vilen Gründen, und zum Theil mit glücklichem Erfolg, behauptet, daß sich in Bayern Erbgüter befinden, welche bey Abgang des Mannsstammes von den Allodialerben in Anspruch genommen werden könnten. Chur-Sachsen seye zu einer gütlichen Beylegung der ganzen Sache bereit, und wolle in disem Fall von seinen Ansprüchen an die bey dem Vertrag und Theilung von 1329. dem Kayser Ludwig zugefallene, und von demselben auch nachhero bey der 1340. erfolgten Erlöschung des älteren Bayrischen Mannsstammis erlangte, Erbgüter abstehen, auch die würckliche Abtrettung und Einraumung der neuerworbenen durchgehends und ohne Unterschid nicht verlangen, wann nur die dafür in Pausch und Bogen durch Vergleich bestimmende Befridigung Ch. Sachsen einen Verhältnißmäßigen Zuwachs an Land und Leuten verschaffe, und die über diß in baarem Geld zu leistende Zahlungen, nebst der Ausantwortung der ihme zukommenden Mobilien, völlig sicher gestellet werde: Ausser deme es sich aber alle seine Gerechtsame vorbehalte. 2. Eben so seye es zu Treffung eines gütlichen Abkommens wegen der im gemachten, zum Erbe gehörigen, Verbesserungen und Nuzungen, des lezten Jahres geneigt; habe aber bey dessen Entstehung, nicht nöthig, sich in ohnerwisene Gewohnheiten oder willkührliche Behauptungen von der hier nicht statt findenden Anwendung der gemeinen Rechte, auch Compensation mit denen Deteriorationen, einzulassen. Die Bayrische Primogenitur u. Fideicommiß gehe nur Herzogs Albrechts V. männliche Nachkommen an, und gebe eben so wenig, als andere Hausverträge, den Pfälzischen Agnaten ein Recht gegen die Töchtern; mithin bleibe 3. disen auch die fahrende habe 4. Bey den Schulden werde es auf deren Untersuchung ankommen, wobey aber die neuere Verträge keine Würckung haben könten: Der Westphälische Fride habe unter denen den Allodialerben vorbehaltenen Actionen die 13. Millionen verstanden, und Chur-Sachsen käme deßwegen das jus retentionis zu; es wolle aber gern zu einem gütlichen Abkommen die Hände bieten. Mit Pfalz-Zweybrücken habe zwar Chur-Sachsen dermalen nichts zu thun: werde aber gerne sehen, wann in der Hauptsache mit dessen Beytritt ein gütlicher Vergleich zu Stande komme.

§. 5.

Pfalz - Zweybrückische Schrifften.

Kurzer Innhalt der (gleichfolgenden) Vorlegung rc. Zweybrücken, im Monath Julius 1778. 4.

Vorlegung der Fideicommissarischen Rechte des Kur- und Fürstlichen Hauses Pfalz überhaupt, und des regierenden Hrn. Herz zu Pfalz-Zweybrücken, als dermaligen nächsten Agnaten und Kurfolgers insonderheit, auf die von dem am 30. Dec. 1777. höchstseelig verstorbenen Hrn. Kurfürsten Maximilian Joseph in Baiern, als dem lezten aus der Wilhelminischen Linie, verlassene samtliche Lande und Leute samt Zugehörde. Mit 64. Urkunden und einer Geschlechts-Tafel. Zweibrücken, 1778. 4.

Nach einer Geschichtserzählung handelt der erste Abschnitt von der Pfälzischen Gerechtsame in 10. Säzen; der 2te von denen Oesterreichischen Ansprüchen auf die Baierische Lande; der 3te, von denen Oesterreichischen Ansprüchen auf Mindelheim; der 4te von denen Böhmischen Ansprüchen an die Böhmische Lehen in der obern Pfalz; der 5te, von denen für Kaiser und Reich als apert in Besiz genommenen Baierischen besonderen Reichslehen; der 6te, von den Kur-Sächsischen Ansprüchen auf die Baierische Succeßions-Maß unter dem Titul von Allodien; der 7de, von dem Mecklenburgischen Anspruche an Leuchtenberg; der 8te, von der Convention vom 3. Jänner und der jezigen Lage der Sache.

§. 6.

Mecklenburgische Schrifft.

Vorläufige Darstellung des Rechts des Durchl. Herzogl. Mecklenburgischen Hauses von den, durch das Absterben des Durchlauchtigsten Churfürsten und Herrn, Hern. Maximilian Josephs zu Bayern, gegenwärtig erledigten, und dem Reiche eröffneten Lehen eins oder das andere in specie die Landgrafschafft Leuchtenberg, von Kayserlicher Allerhöchsten Maj. und dem Reiche allerunterthänigst zu verlangen und zu gewärtigen. Schwerin, den 28sten Febr. 1778. fol.

Mecklenburg beziehet sich

1. auf

1. auf die von Kayser Maximilian I. im Jahr 1502. Herzog Heinrichen zu Mecklenburg ertheilte Anwartschafft, wann Landgraf Johann zum Leuchtenberg, ohne ehliche mannliche Leibeserben abgienge, auf die Helffte solcher Landgrafschafft;

2. auf siben andere Gründe, warum der Kayser und das Reich Mecklenburg zu einer Entschädigung verbunden seyen;

3. auf die im Westphälischen Friden versprochene, aber nicht ganz geleistete, Vergütung.

Welches alles zusammen sich auf vile Millionen Reichsthaler belauffe.

Die versprochene ausführlichere Deduction ist, meines Wissens, bishero noch nicht im Druck erschienen.

§. 7.

Salzburgische Schrifft.

Kurze Geschicht- und Actenmässige Anzeige, was dem hohen Erzstifft Salzburg, auf erfolgten Todesfall Churfürstens Maximilian des III. in Bayern bey dessen Verlassenschafft für Ansprüche und Forderungen ausstehen.

Die Salzburgischen Forderungen sind in fünff Abtheilungen diser Schrift ausgeführt. Erstere besteht in 11. Millionen wegen des Salzhandels, welches die sogenannte alte Millionenforderung enthält. Die zweyte betrifft neuere Forderungen gleichfalls aus dem Salzhandel ad 193,633. fl. nebst einem deposito von 91,938. fl. Die dritte Forderung kommt von dem Oesterreichischen Succeßionskrieg unter Kayser Carl dem VII. her, und beläuft sich auf 812,500. fl. Die vierte Foderung geht die Gegend um Reichenhall an, welche einen der ersten Bestandtheile des Erzstifts Salzburg ausmachen und eigener Anerkanntniß entgegen auch wider die Kayserlichen Bestätigungen dem Erzstift von Churbayern vorenthalten würde. Endlich betrifft die fünfte Foderung einige Lehen., welche zwar die Herzoge in Bayern gegen das Erzstift anerkannt, aber doch in der Folge der Zeit zu empfangen unterlassen haben, als z. E. alle von den Schenken von Winterstetten und von den Grafen von Wasserburg heimgefallene und andere Lehen, nebst dem Erb- Cammer- Amt.

§. 8.

§. 8.
Würtembergische Schrifft.

Vorläufige Anzeige von den Herzoglich-Wirtembergischen Regredient-Erbrechten auf einige Theile der Bayrischen Allodial-Verlassenschafft. Stuttgart, 1778. 4.

Es wird berichtet: Das jezige Herzogliche Haus Würtemberg stamme ab: 1. von Kayser Ludwigs in Bayern Prinzeßin Elisabeth, und 2. von Herzog Heinrichs in Bayern Prinzeßin Elisabeth, deren jene im Jahr 1362. Graf Ulrichen VII. und dise im Jahr 1445. Graf Ulrichen VIII. zu Würtemberg geehlichet hätte, und habe also Würtemberg ein Recht an diser Stammväter Allodial-Verlassenschafft.

§. 9.
Bayrische Landständische Schrifft.

Die Bayrische Landstände gaben heraus:

Landschafftliche Betrachtung: Ob das Ober- von dem Unterland Baiern ohne Verlezung der Freyheitsbrieffe, und der hierüber erfolgten Kayserlichen Confirmationen zertrümmert werden möge? 4.

Die Frage wird verneint. Von den Höfen ist nicht darauf geantwortet worden; wohl aber in Privatschrifften.

Staatsbegeb. 1778. S. 696.

§. 10.
Fernere Schrifften.

Derer übrigen Schrifften seynd so vile, daß sie fast eine ganze Bibliothec ausmachen: Man findet selbige in denen neuesten Staatsbegebenheiten vom Jahr 1778. in der allgemeinen deutschen Bibliothec, auch in vilen anderen Journalen und gelehrten Zeitungen angezeigt. Einige seynd auch gewissen Sammlungen mit-einverleibet worden: Es ist aber meiner Absicht nicht gemäß, hier ein mehreres davon zu gedencken.